卫生健康行业内部审计指引详解系列丛书

合同管理
专项审计指引详解

5

国家卫生健康委财务司 组织编写

李小凤 主编

中国财经出版传媒集团
中国财政经济出版社
·北京·

图书在版编目（CIP）数据

合同管理专项审计指引详解／国家卫生健康委财务司组织编写；李小凤主编 . ——北京：中国财政经济出版社，2024.5

（卫生健康行业内部审计指引详解系列丛书）

ISBN 978 - 7 - 5223 - 3036 - 5

Ⅰ.①合⋯ Ⅱ.①国⋯ ②李⋯ Ⅲ.①医药卫生组织机构－合同－内部审计－研究－中国 Ⅳ.①R197.322

中国国家版本馆 CIP 数据核字（2024）第 072463 号

责任编辑：尉　敏	责任印制：史大鹏
封面设计：卜建辰	责任校对：胡永立

合同管理专项审计指引详解

HETONG GUANLI ZHUANXIANG SHENJI ZHIYIN XIANGJIE

中国财政经济出版社 出版

URL：http：//www.cfeph.cn

E - mail：cfeph@ cfeph.cn

（版权所有　翻印必究）

社址：北京市海淀区阜成路甲 28 号　邮政编码：100142

营销中心电话：010 - 88191522

天猫网店：中国财政经济出版社旗舰店

网址：https：//zgczjjcbs.tmall.com

北京中兴印刷有限公司印装　各地新华书店经销

成品尺寸：170mm×240mm　16 开　17.25 印张　255 000 字

2024 年 5 月第 1 版　2024 年 5 月北京第 1 次印刷

定价：50.00 元

ISBN 978 - 7 - 5223 - 3036 - 5

（图书出现印装问题，本社负责调换，电话：010 - 88190548）

本社图书质量投诉电话：010 - 88190744

打击盗版举报热线：010 - 88191661　QQ：2242791300

丛书编委会

主　　　任：何锦国
副　主　任：刘　魁　赵树理　任西岳　王　辉　樊挚敏
　　　　　　王明霞
编委会成员：（按姓氏笔画排序）
　　　　　　于　筠　于建丽　王　洁　尹　硕　邓亚芳
　　　　　　邓连府　平　熹　卢　宁　毕春梅　刘　辉
　　　　　　齐　军　齐剑锋　许　涛　孙　文　孙家林
　　　　　　孙　磊　李小凤　李立国　李秀华　李彦敏
　　　　　　杨亮亮　肖　莉　吴　倩　余兴华　汪　薇
　　　　　　张秀娜　张　莉　张　静　陈　洁　苑　东
　　　　　　苑丽敏　林琼菁　郑　洁　孟雪莲　赵　萌
　　　　　　赵晨晨　施豪亮　姜　晨　袁灵华　袁晓晨
　　　　　　唐　志　黄龙梅　黄橙紫　隋　颖　雷　莉
　　　　　　鲍孟阳

《合同管理专项审计指引详解》
编写组

主　　编：李小凤

副 主 编：赵晨晨　张　平　贺　冉

编写人员：（按姓氏笔画排序）

　　　　　李小凤　李华楠　李　俨　李　婷　张　平

　　　　　贺　冉　赵晨晨　施豪亮　秘子涵

总　序

　　党和国家高度重视卫生健康行业内部审计工作。2016年，习近平总书记在全国卫生与健康大会上作出重要指示，要引导和规范医药卫生机构建立内审制度，加强自查自纠。国家卫生健康委财务司始终坚持以习近平新时代中国特色社会主义思想为指导，深入学习贯彻习近平总书记关于审计工作的重要指示精神，认真落实二十届中央审计委员会第一次会议精神，努力做到如臂使指、如影随形、如雷贯耳，全面加强党对审计的领导，把党对审计工作的集中统一领导贯穿审计工作的全过程和各环节，积极推进审计全覆盖，不断拓展审计监督广度和深度，消除监督盲区，促进监督权威高效，依法履行审计职责，推动审计理论、审计实践和审计制度创新。

　　近年来，特别是在贯彻落实党中央关于在全党大兴调查研究的决策部署和国家卫生健康委党组工作要求时，国家卫生健康委财务司通过实地调研、座谈交流、征求意见等方式了解到，基层单位希望开展"小而精"的专项审计，但实际工作中缺少政策指引和操作指南。为回应基层单位及审计人员的实践关切，国家卫生健康委财务司对一些工作急需、实践较成熟的专项审计项目开展课题研究，并制定印发了卫生健康行业内部审计指引，包括基本指引和6个专项审计指引，涉及大型医用设备绩效、高值医用耗材、采购管理、建设项目、合同管理和内部控制评价等，从方向上明确"审什么"和"怎么审"，得到了一线审计人员的高度认可，同时也受到了与之相关的管理人员的广泛欢迎。

为更好地帮助各级卫生健康行政部门及属管单位全面理解、准确落实卫生健康行业内部审计指引，便于根据指引开展专项审计，通过实践提高审计人员专业能力和专业素养，同时也方便相关专题的管理人员强化管理，丛书编委会组织行业部分审计财务经验丰富、研究能力较强的业务骨干力量，共同编写了《卫生健康行业内部审计指引详解系列丛书》（以下简称《丛书》）。

《丛书》对标行业专项审计指引要求，聚焦审计项目特点，全面总结审计实践经验，坚持需求导向、问题导向，依据相关重大政策、法规制度，分析凝练典型问题，聚焦审计重点，规范审计程序。《丛书》各书目间既相互独立又紧密联系，体系科学、内容新颖、解读翔实、案例实用，做到"五个坚持"：**一是坚持权威性**。由国家卫生健康委财务司统一组织编写，编写团队具有医疗卫生机构财务、审计的丰富工作经验，从成熟的专项审计项目中总结提炼典型性且具有推广价值的经验做法，并将课题主要研究成果充分体现在书稿里。编写过程广泛征求有关中央单位和各地各单位意见，充分开展专家研讨，集思广益，凝聚共识。**二是坚持实用性**。贴近行业内部审计工作实际，按照平实易懂的原则，详细介绍专项审计实施阶段具体操作规程，指导单位确定适用的审计程序和审计方法，分享常用审计文书参考格式、常见问题清单和典型案例。**三是坚持普适性**。在开展研究型审计的基础上，侧重总结提炼专项审计项目的过程管理、审计风险等共性内容和要求，供全行业开展内部审计工作时参考使用。**四是坚持创新性**。结合内部审计实际情况，在专项审计的内容细化、程序优化、风险提示等方面进行了有益探索，有利于不断提升卫生健康行业专项审计的质量和成效。**五是坚持前瞻性**。对于专项审计项目涉及的新领域，且现行制度未有明确规定的，结合以往审计结果，指导各级卫生健康行政部门及属管单位关注审计风险点，也可以作为单位强化内部控制、完善业务管理的重要参考。

我们将继续汇聚行业智慧和力量，探索总结审计实践经验，丰富完善行业内部审计指引，充实拓展《丛书》框架和内容，力求成熟一个出版一个。欢迎更多的行业同仁加入《丛书》编写工作中，积极分享交流审计优秀案例和先进经验，携手共进、砥砺前行，共同为推动卫生健康行业内部审计工作高质量发展而努力奋进。

在《丛书》编写过程中，中国卫生经济学会、中国内部审计协会、北京医院、国家食品安全风险评估中心、中国医学科学院肿瘤医院、中国医学科学院整形医院、北京大学口腔医院、华中科技大学同济医学院附属协和医院等单位专家，在工作之余，多次沟通讨论、反复研究推敲，付出了大量的辛劳，对他们为此付出的努力表示衷心感谢！此外，国家中医药管理局规划财务司综合与审计处、部分国家卫生健康委属管单位、北京市属医院相关专家也参与研究讨论并提出了宝贵中肯的修改意见，在此一并表示感谢！

丛书编委会

2024 年 4 月

前　言

2020年5月28日第十三届全国人民代表大会第三次会议审议通过了新中国历史上首部民法典，涉及合同编等7编和附则共1 260条，是中国特色社会主义法治体系建设进程中具有划时代意义的大事，是新时代我国社会主义法治建设的重大成果。2023年12月，最高人民法院公布《关于适用〈中华人民共和国民法典〉合同编通则若干问题的解释》，进一步对合同纠纷案件以及非因合同产生的债权债务关系纠纷案件统一裁判尺度、细化审判标准。随着经济社会发展进入新时代，深化改革步入新阶段，我国卫生健康事业改革发展机遇与挑战并存，卫生健康单位提供公共服务或从事民事法律行为时签订的与经济活动有关合同逐年增加，面临的合同经济纠纷风险、资金资产安全风险也日趋加大，合同管理已经成为单位内部控制管理的一项重要内容。

2022年3月，国家卫生健康委印发《进一步加强卫生健康行业内部审计工作的若干意见》（国卫财务发〔2022〕9号），规定各级卫生健康行政部门及属管单位要认真履行审计监督职责，坚持依法依规审计，充分发挥"离得近""看得清"优势，聚焦关键业务和重点环节，着力揭示经济运行风险隐患，同时也明确了应当开展合同管理专项审计等工作要求。作为内部审计人员，应当全面准确把握民法典特别是合同编的重要内容，自觉运用法律思维、法治方式开展审计工作，保持内部审计独立性和客观性，不得从事本单位合同归口管理等可能影响内部审计独立、客观履行监督职责的活动。如何有效开展合同管理专项审计，如何运用审计结果促进规范合同签订行为，加强合同过程监管，防范合同风险隐患，是新时代卫生健康行业内部审计工作面临的新任务、新挑战。2022年以来，国家卫生健康委财务司组织课题组，深入研究合同管理专项审计实务，2023年11月印发《合同管理专项审计指引（试行）》（以下简称《指引》，国卫办财务函〔2023〕416号），指导各级卫生健康行政部门及属管单位规范开展审计业务，更好发挥内部审计作用，并提出重点关注采购、科研及成果转化、捐赠、房屋租赁、信息系统建设、建设项目、医疗服务合作等与经济活动有关的7类合同。

本书紧跟行业内部审计新形势，立足准确详细解读《指引》新要求，依据国家最新颁布的法律法规、重大政策及行业规定，结合工作中发现的常见问题，全面总结近年来典型案例，分享合同管理专项审计的内部控制测试设计及实施、实质性程序开展等内容。系统阐述了如何对合同签订、履约、结算、归档等全生命周期管理开展审计工作。在《指引》重点关注的7类合同的基础上，结合审计工作实际需要，进一步研究拓展合同类型，推进各单位专项审计规范化、制度化和信息化建设，促进实现内部审计广度和深度上的全覆盖。坚持需求导向，紧扣卫生健康行业特点，梳理专项审计的审计内容、程序、方法、风险点等，并提供常用文书模板、政策依据、常见问题和参考案例，对提高内部审计人员工作能力、质量和效率具有较强的实操指导作用。帮助内部审计人员快速掌握干什么、怎么干、关键点、切入点等重要内容，也使相关工作理论在实践中发展、丰富和完善。本书力求使广大读者一看就懂、一用就会，有助于透彻理解《指引》内涵，快速掌握专项审计思路和技术方法，提高工作质量和效率，促进单位规范业务管理。

本书在国家卫生健康委财务司组织指导下完成，该项工作自启动到完成，历时两年，凝结了很多领导和同仁的心血。期间，财务司司长何锦国同志对该项工作的实施原则、重点方向给予了强有力的指导，一级巡视员刘魁同志，副司长赵树理同志，副司长任西岳同志，二级巡视员王辉同志，时任副司长、一级巡视员樊挚敏同志，时任二级巡视员王明霞同志对编写工作给予了具体指导，多次听取汇报、参与研究，提出修改意见。中国医学科学院整形外科医院李小凤同志作为总撰稿人，负责设计全书框架结构、梳理编写思路，牵头组建编写组，完成全部内容的整理、统稿、审核、校对、清稿等工作。承担本书主要编写工作的人员还包括中国医学科学院赵晨晨，中国医学科学院整形外科医院张平、贺冉、李婷、李华楠、李俨、秘子涵等同志。在整个课题研究以及书稿编写过程中，也得到了审计署内部审计指导监督司、中国内部审计协会以及相关专家的指导和支持，提供了很多宝贵意见，中国财政经济出版社的编辑团队为本书的出版夜以继日、辛苦操劳，在此一并感谢。

本书力求准确详细解读《指引》，并精选典型审计案例，方便读者理解，增强实用性，希望本书能够为卫生健康行业内部审计人员更新知识体系、开拓审计领域、防范化解风险、提高工作水平提供帮助和启发，推动内审人员主动学习和实践运用，促进本单位运营管理水平提升。本书同时适用于审计理论研究者、审计实务工作者、审计专业师生学习使用，还能够为从事合同管理、采购管理、财会监督、纪检监察监督等领域人员开展相关理论研究、业务培训和现场检查时提供参考，也能够为其他行业开展合同管理专项审计工作提供借鉴，推动各地、各单位进一步加强经济运营管理，促进卫生健康事业高质量发展。实际工作中遇到的情况千差万别，本书无法也不可能包含所有情形。因此，**本书不能替代相关法律法规、部门规章、规范性文件及内部审计人员职业判断等**。本书所涉及审计程序的时间、范围和程度，应当由内部审计人员在开展内部审计业务时结合项目实际情况、风险导向原则及职业判断确定，**避免简单照搬照抄**。因编者水平有限，难免存在疏漏和不妥之处，衷心希望读者在使用过程中，多提宝贵意见并及时反馈给我们。本书将结合审计法律法规、卫生健康行业政策修订变化情况，适时修订更新。

编　者

2024 年 4 月

目 录

| 第一章 | **绪论** / 1
　　　　第一节　合同管理概述 / 3
　　　　第二节　合同管理工作流程 / 5
　　　　第三节　合同管理审计概述 / 12

| 第二章 | **合同管理内部控制测试** / 19
　　　　第一节　合同管理内部控制概述 / 21
　　　　第二节　合同管理内部控制测试概述 / 27
　　　　第三节　合同管理内部控制测试的实施 / 29

| 第三章 | **合同管理审计** / 33
　　　　第一节　合同立项阶段审计 / 35
　　　　第二节　合同订立阶段审计 / 38
　　　　第三节　合同履行阶段审计 / 62
　　　　第四节　合同后评价管理审计 / 73
　　　　第五节　合同档案管理审计 / 76

| 第四章 | **医疗卫生行业重点类别合同管理审计——货物采购类** / 79
　　　　第一节　货物采购类合同签订前立项阶段审计 / 81

第二节　货物采购类合同订立阶段审计 / 85

第三节　货物采购类合同履行阶段审计 / 101

第四节　货物采购类合同后评价管理审计 / 110

第五节　货物采购类合同档案管理审计 / 111

| 第五章 | 医疗卫生行业重点类别合同管理审计——服务采购类 / 113

第一节　服务采购类合同签订前立项阶段审计 / 115

第二节　服务采购类合同订立阶段审计 / 119

第三节　服务采购类合同履行阶段审计 / 131

第四节　服务采购类合同后评价管理审计 / 138

第五节　服务采购类合同档案管理审计 / 139

| 第六章 | 医疗卫生行业重点类别合同管理审计——建设工程及相关服务类 / 141

第一节　建设工程及相关服务类合同签订前立项阶段审计 / 143

第二节　建设工程及相关服务类合同订立阶段审计 / 146

第三节　建设工程及相关服务类合同履行阶段审计 / 174

第四节　建设工程及相关服务类合同后评价管理审计 / 186

第五节　建设工程及相关服务类合同归档管理审计 / 188

| 第七章 | 医疗卫生行业重点类别合同管理审计——其他类 / 191

| 第八章 | 合同管理信息系统审计 / 201

第一节　合同管理信息系统概述 / 204

第二节　合同管理信息系统审计 / 207

第三节　合同管理信息系统审计的实施 / 213

| 第九章 | 合同管理审计的成果运用与质量控制 / 221
　　　　　第一节　合同管理审计的成果运用 / 223
　　　　　第二节　合同管理审计的整改 / 225
　　　　　第三节　合同管理审计的质量控制 / 227

| 第十章 | 文书示例与合同管理审计的综合案例 / 231
　　　　　第一节　文书示例与参考格式 / 233
　　　　　第二节　合同管理审计的综合案例 / 238

附录1　卫生健康行业内部审计基本指引（试行）/ 248
附录2　合同管理专项审计指引（试行）/ 250
附录3　制度清单 / 253
附录4　参考文献 / 258

第一章 绪论

第一节

合同管理概述

一、合同的概念

（一）合同的概念

合同是民事主体之间设立、变更、终止民事法律关系的协议。即平等主体的自然人、法人、非法人组织之间的协议。民事主体包括自然人、法人、非法人组织。本书的研究对象主体主要指的是医疗卫生行政事业单位（下称"单位"），本书所讲的合同主要是指与经济有关的合同，是单位与自然人、法人、非法人组织之间签订的涉及资金收支业务的合同。

（二）合同签订的意义

合同是单位经济活动的重要组成部分，贯穿于经济活动的始终，通过签订合同，明确双方的权利和义务，规范和约束合同双方的经济活动，有助于单位防范法律风险，预防经济纠纷，维护合法权益，保证单位经济活动符合法律法规。有助于控制单位财务风险，帮助单位降低交易成本，加速资金周转，减少费用，提高单位资金使用效率。有利于提高单位内部管理水平，提升单位公共服务的效率和效果。

（三）合同签订的形式

合同可以采用书面形式、口头形式或者其他形式。书面形式是合同书、信件、电报、电传、传真等可以有形地表现所载内容的形式。以电子数据交换、电子邮件等方式能够有形地表现所载内容，并可以随时调取查用的数据电文，视为书面形式。

二、合同管理的概念及作用

（一）合同管理的概念

合同管理是指单位对以自身为当事人的合同依法进行订立、履行、变更、解除、转让、终止以及审查、监督、控制等一系列行为的总称。其中，合同的订立、履行、变更、解除、转让、终止是合同管理的过程与内容，审查、监督、控制是合同管理的手段。合同管理的具体内容和流程按照合同的生命过程周期划分，分为合同签订之前的前期准备阶段、合同订立阶段、合同履行阶段、合同后评价管理阶段、合同档案管理阶段等。其中，合同签订之前的前期准备阶段主要是合同立项工作环节；合同订立阶段主要包含合同筹划管理、合同调查、合同谈判、合同内容拟订、合同审批、合同签署等工作环节；合同履行阶段主要包含合同履行监控、合同补充、变更、转让和终止、合同结算、合同纠纷管理与处理等工作环节；合同后评价管理阶段主要是合同履行情况的分析与评估工作环节；合同档案管理阶段主要是合同档案保管与归档工作环节（如图1-1所示）。

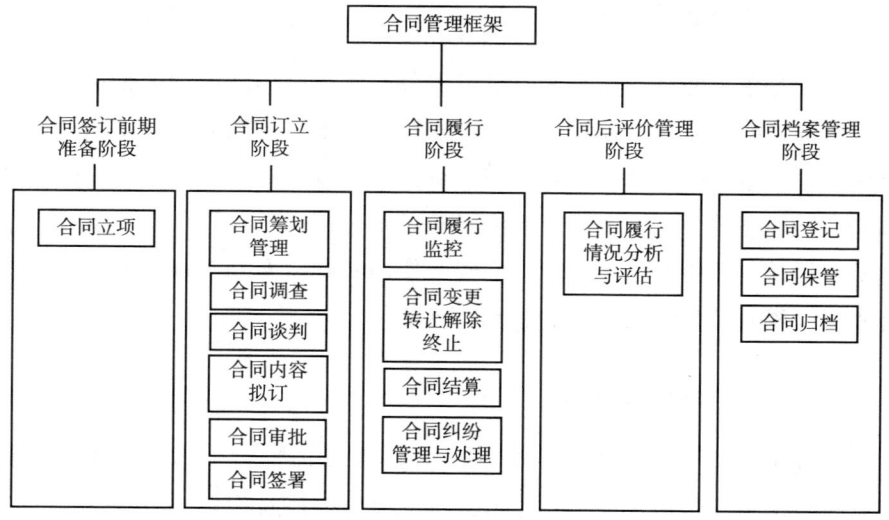

图1-1 合同管理框架

（二）合同管理的作用

合同是调节合同当事人之间经济活动关系的依据，加强合同管理，是单位适应市场经济发展和完善的必然要求，合同管理的好坏直接关系到单位交易效率和资金安全。合同管理的过程实际上是单位利用自身优势和资源，通过合同行为使经营管理行为更加规范化。

首先，加强合同管理可以保障单位权利得以体现。单位通过明确法律法规赋予的权利，包括依法享有的经营管理权、资产所有权、收益权、民事诉讼权等，使单位在合同谈判、签订、履行、纠纷处理等合同管理各流程中，得到有效保护和体现。

其次，加强合同管理可以有效预防和降低法律风险，随着合同管理的发展，合同管理贯穿了采购供应、销售、研发、投资、财务、审计、人力资源等领域。合同签订过程中需要防范的法律风险包括：合同签订过程中不当要约或承诺导致合同无效；合同形式缺陷带来的风险；合同主体不真实或主体资信不佳导致的欺诈风险；合同条款显失公平或遗漏重要条款导致的权利义务缺失风险；合同履行中不当履约导致合同变更解除造成单位损失的风险。

最后，加强合同管理实质上也是单位的效益管理。合同管理是一个多环节的过程，内容涉及多个方面，本质上就是效益管理。合同从签订到履行涉及单位经济运营的各个环节，从而达到获得经营效益的目的。由此可见，科学、规范、严格的合同管理是单位实现自身效益的必要手段。

第二节

合同管理工作流程

作为审计人员要想做好合同管理审计工作，首先要了解合同管理的工作流程，通过了解找到相应风险点，从而在审计过程中提出风险防控措施，降低单位的经济风险。

一、合同签订之前的前期准备阶段

合同签订之前的前期准备阶段的主要工作是立项工作，包含立项前项目的需求、设计、计划的编制。根据单位某一阶段的具体发展目标、经营理念、业务需要，制定预算计划，主要考虑项目的可行性、经济性、必要性订立项目。立项需满足单位业务需求和发展战略，反映单位的运营方针和根本利益，在遵守法律法规、符合单位规章制度、为单位运营需要的前提下组织实施立项。

二、合同订立阶段

（一）合同筹划管理环节

合同筹划是比较重要的环节，立项确定后，为了保证项目实施，明确合同业务和事项范围，要考虑的问题包括：合同的种类、形式、条件；合同签订和实施时涉及的重大问题决策；合同的内容、技术、时间上的协调等。筹划管理阶段应重点避免拆分合同、违规签订、超预算或无预算追加等问题。

（二）合同调查环节

合同调查，是指在与拟签约对方订立合同之前，对拟签约对方进行尽职调查的阶段。单位要充分了解及评估拟签约对方在法律上是否具有订立合同的主体资格、资信情况、履约能力、违约风险等基本情况，应该充分收集相关证据，审查其营业范围是否有效、拟签订的合同内容是否在对方的经营范围之内、对方是否具有履约能力、对方的信誉情况、是否有过违约或毁约情况等。

（三）合同谈判环节

合同谈判，是指单位在初步确定拟签约对象后，合同承办部门在授权范围内与对方进行合同谈判，按照自愿、公平的原则，双方当事人之间针对合同条款中基本要素和关键内容的不同意见经过反复协商、讨价还价，最后达成一致意见的洽谈协商阶段。确定的合同内容和范围主要包括：项目的核心内容、技术要求、质量要求、技术规范、技术方案、关键细节；价格描述、合同款结算方式、税费及其他附加费用、价格调整条款；完成期限、验收程序和标准、保修期；争议的解决办法、违约比例、赔偿方式等。

（四）合同内容拟订环节

合同文本拟订，是指在合同谈判后，根据协商谈判结果将双方协商一致的意见用文字表述出来的阶段。这一阶段是合同订立阶段的重点环节，应重点关注合同各项要素的完整性，合同拟订部门应重点核对合同文本与谈判细节的一致性，特别是在谈判环节中出现争议最终达成一致的关键内容和条件，要予以准确描述，涉及的合同文本拟订应做到合同文本的格式合法合规、条款内容详细确切、语言表述清晰明了。

（五）合同审批环节

合同审批，是指合同文本拟订完成后，单位（相关部门及领导）对合同进行审批会签流程的阶段。主要是关注合同文本的合法性、经济性、可行性和严密性。具体包括审查合同主体是否合法、合同内容是否合法、合同意思表示是否真实、合同条款是否完备、合同文字是否规范、合同订立手续和形式是否完备等。单位应建立完整的合同审批会签制度，并明确各审批部门职责，审批人的审批权限及审批人未经授权审批、越权审批应承担的责任。

（六）合同签署环节

合同签署，是指单位经过审批会签同意后，按照国家相关法律法规规定执行公示、登记，与对方当事人正式签署并加盖单位合同专用章、履行合同生效手续的阶段。合同文本经过拟订、审批会签后，待双方当事人完全认可，双方当事人的法定代表人或授权经办人在合同上签字。合同签署环节合同签署双方应按照授权委托书签署合同，杜绝超越权限签署合同的行为。合同印章应由专人保管，按照合同用印流程加盖印章（骑缝章）。此时标志着合同订立阶段程序已经基本完成。

三、合同履行阶段

（一）合同履行监控环节

合同履行是指合同签署后对合同规定义务的执行阶段，是完成整个合同的关键环节。单位应建立合同履行监督审查体系，明确履行合同中相关部门的职责及相关责任人，落实合同执行的责任，对合同履行的内容实施有效监控、检查、分析和验收。同时，对无法按时履行的合同及时采取应对措施。合同履行中发现显失公平、条款错误或存在欺诈行为的合同，以及政策调整、市场变化等客观因素已经或可能导致单位利益受损的合同，应当按规定程序及时报告并办理变更或解除程序。合同履行的内容重点关注履行主体、履行标的、履行期限、履行地点、履行方式和履行费用等。合同履行的具体内容不仅包括成果资料、服务或货物的验收、培训、满意度等相关工作记录，还包括履行后的后续管理工作，确保合同全面有效履行。

（二）合同变更、转让、解除和终止环节

1. 合同变更

合同变更是指在合同生效后，通过对原合同内容的修改，使合同的权利和义务发生变化的民事法律行为。合同变更有广义与狭义的合同变更，广义的合同变更一般分为合同内容的变更和合同主体的变更，合同内容的变更是合同主体不发生变化，仅是合同的内容发生变化。合同主体的变动属合同转让的范畴。合同的变化可表现为合同标的物的数量或质量、规格、价款、履行时间、地点、方式等的变化。合同的变更是合同内容的部分变更，是合同的非根本性变化，只是对原合同关系的内容作部分的修改和补充。原合同关系仍然继续存在并有效。

（1）合同变更的情形：合同双方可以依照双方协商或者法定情形对合同内容进行变更。协商变更时，应当签订书面协议；法定情形包括合同履行过程中发生的不可抗力等。

（2）合同变更的效力：合同变更应当经过双方协商一致，并在原合同上或者另行签订书面协议进行确认。未达成一致意见的，原合同继续有效。

（3）合同变更的程序：合同变更应当遵循法定的程序，如审查变更协议的合法性、明确变更后的合同内容等。

2. 合同转让

合同转让是指合同权利、义务的转让，当事人一方将合同的权利或义务全部或部分转让给第三人。可以是合同权利的转让、合同义务的转让也可以是合同权利和义务同时转让。合同转让实质上是合同主体的变更，即在不改变合同关系内容的前提下，使合同的权利主体或者义务主体发生变动。由新的债权人代替原债权人，但是合同内容保持同一性的一种法律现象。

（1）合同转让的情形：合同双方可以在协商一致的基础上将合同权利义务转让给第三方。常见的合同转让包括债权转让、债务承担和合同权利义务的概括承受。

（2）合同转让的效力：合同转让应当经过双方协商一致，并在原合同上或者另行签订书面协议进行确认。未经协商一致的，原合同继续有效。

（3）合同转让的程序：合同转让应当遵循法定的程序，如审查受让人的资信能力、明确转让后的合同内容等。

3. 合同解除

合同解除是指在合同有效成立以后，当具备解除条件时，因当事人一方或双方的意思表示而使合同关系自始或仅向将来消灭的行为。

（1）合同解除的条件包括：合同目的无法实现；当事人一方明确表示或以自己的行为表明不履行主要债务；当事人一方迟延履行主要债务，经催告后在合理期限内仍未履行；当事人一方迟延履行债务或有其他违约行为致使不能实现合同目的。

（2）合同解除的效力：合同解除后，尚未履行的，终止履行；合同已经履行的部分，可能恢复原状的，当事人可以要求恢复原状；不可能恢复原状的，当事人可以要求采取其他补救措施；合同因违约而解除的，可以请求违约方赔偿损失。

（3）合同解除的程序：协议解除——根据当事人另行达成解除合同的协议解除合同。在解除合同的协议达成之时，合同即解除。约定解除——当事人在合同中约定达成某种条件或期限，合同即自动解除或者享有合同解除权当事人一方或双方解除合同。法定解除——根据法律规定，当事人一方或者双方享有合同解除权时可以解除合同。

4. 合同终止

合同终止是指合同当事人双方在合同关系建立以后，因合同规定的特定法律事实的出现或当事人约定的情况出现，使合同确立的权利义务消灭。合同终止适用于继续性合同；合同终止适用于一方违反合同也适用于没有违反合同的情况；合同终止法律后果使合同关系向将来消灭，无溯及力。

（1）合同终止的情形：合同双方可以在合同期限届满、履行完毕或者出现法定或约定事由时终止合同。常见的法定事由包括不可抗力、迟延履行等。

（2）合同终止的效力：合同终止后，双方不再享有和承担原合同项下的权利义务。但需要注意的是，一些持续性义务可能需要继续履行。

（3）合同终止的程序：合同终止应当遵循法定的程序，如审查终止条件是否成就、清算和结算等。在终止合同时，应当妥善处理尚未履行的义务和善后事宜，确保合同终止的合法性和有效性。

在合同变更、转让、解除和终止环节，需要注意的事项包括了解相关法律法规的规定和要求、审查相关协议的合法性和有效性、明确变更或转让后的权利义务内容、遵循法定程序等。同时，要保持沟通和协商，确保各方利益的平衡和保护。

（三）合同结算环节

合同结算是指合同的价款结算阶段。合同结算时应确认收付款合同的收付款条款、款项结算的方式。财务部门应在合同正式生效后，根据合同履行情况办理价款结算，进行账务处理。确保按合同约定及时结算相关价款。合同结算阶段不仅是合同的关键环节，也是资金风险直接的表现，需要财务部门把好合同的结算关。合同结算过程既是对合同签订的审查，也是对合同履行的监督，因此财务部门与合同归口管理部门应定期对合同履行情况进行核对，具体可采取或制定货款收支复核程序，实施有效的管理，避免出现资金风险。对未按照合同条款履约的，应及时向有关领导进行报告。

（四）合同纠纷管理与处理环节

合同纠纷是指因合同的生效、解释、履行、变更、终止等行为而引起的合同当事人的所有争议。合同纠纷的内容主要表现在争议主体对于导致合同法律关系产生、变更与消灭的法律事实及法律关系的内容有不同的观点与看法。合同纠纷的范围较广，一般涵盖了一项合同从成立到终止的整个过程。单位根据合同纠纷处理机制，在发生合同纠纷时，单位应及时在规定时效内与对方协商谈判，协商一致的，签订书面协议。合同纠纷协商无法解决的，有关经办人员应向单位有关负责人报告。明确合同纠纷处理办法、审批权限和处理责任，同时，及时收集对方违约行为的证据，按约定追究对方违约责任，特别注意，未经授权审批，不应给予实质性答复或承诺。

四、合同后评价管理阶段

合同后评价管理是合同完成后，相关部门识别合同潜在风险、评价合同履行情况、评估合同完成效果的工作，属于合同延伸管理的工作环节，主要是对合同履行的总体情况和重大合同履行的具体情况进行分析评估，是合同后续管理阶段的重要流程。单位应定期开展合同后评价管理工作，分析评估合同履行中存在的不足及时加以改进。通过客观有效的评价，有利于识别合同潜在风险，完善合同内部控制管理机制，优化合同管理流程，降低因合同疏漏而造成的经济风险。在合同后评价环节中，重点关注双方履行合同条款约定行使双方的权利，承担应尽的义务，合同达到预定目的，实现的预期效益。单位应建立合同履行情况评估制度，相关业务部门应建立合同资信体系、合同单位信用评价、信用单位白名单和黑名单、履约情况动态监控等体系。评价和监控各类体系建立和更新情况，对签订主体的履约能力进行评价，实行动态管理，对合同的履行情况进行总体评估和总结，作为今后签订类似合同业务过程中的参考资料。

五、合同档案管理阶段

在合同登记与保管环节，单位的合同归口管理部门应当建立合同档案管理制度，规范合同管理工作人员职责，明确合同流转、借阅和归还的职责权限和审批程序等有关要求。加强合同登记、保管与归档管理，建立统一分类及连续编号制度，充分利用信息化手段，定期对合同进行统计、分类和归档，详细登记合同的订立、履行和变更等情况，实行合同全过程管理。妥善保管与合同相关的前期谈判文件、合同审批文件、承诺书、资质证明书、法人授权委托书、合同书、合同变更、终止文件材料及合同的调解书、判决书、会议纪要等资料。与单位经济活动相关的合同应当同时提交财会部门作为账务处理的依据。同时，单位应当加强合同信息安全保密工作，未经批准，不得以任何形式泄露合同订立与履行过程中涉及的国家秘密、单位秘密、工作秘密。

延伸阅读——合同管理控制的相关法律法规

1. 《公立医院内部控制管理办法》
2. 《行政事业单位内部控制规范（试行）》
3. 《中华人民共和国民法典》
4. 《中华人民共和国招标投标法》
5. 《中华人民共和国政府采购法》

第三节 合同管理审计概述

一、合同管理审计的定义

合同管理审计是医疗卫生行政事业单位内部审计机构和人员依据国家有关经济合同法律法规和单位内部合同管理的相关规定，运用规范的审计程序和方法，对单位及下属机构与外部企事业单位签订经济合同、履行经济合同的过程和结果进行的审计监督、检查、评价和咨询活动。

合同管理审计的主要内容包括：合同管理的内部控制情况审计、合同立项情况审计、合同订立阶段审计、合同履行阶段审计、合同后评价管理审计、合同档案管理审计等。开展合同管理审计，有助于强化内部控制机制、完善合同管理体系、加强相关业务部门履职。也有助于确保合同合法合规、避免或减少经济纠纷、防范合同风险并依法维护合同当事人的合法权益。

二、合同管理审计的目标

（一）合同的可执行性

审核合同的内容，确定现有情况下合同所签订的标的物是否需要；确定人财物是否可以满足合同执行；确定合同是否有相应的财务预算、计划、资金来源等。

（二）合同的合法合规性

审核合同的内容，确定是否符合国家法律、法规、单位内部规定；是否违反国家利益和公共利益；合同对方的主体资格是否合法；合同对方是否有履行合同的能力等。

（三）合同履行的有效性

审核合同履行过程，确定经济合同付款是否遵循合同要求；确定应付的合同金额是否正确；确定整个合同履行过程是否得到监控；确定合同履行的结果是否符合合同要求，是否达到单位的使用要求等。

三、合同管理审计的范围与方式

合同业务流程涉及单位业务部门、财务部门、合同业务归口管理部门、法律部门等，具有业务涉及部门多、程序性强的特点。其中，业务部门负责合同起草、签订、履行过程中的业务风险管理，财务部门负责与资金支付审核相关的财务风险管理，法律部门负责与合同权利义务条款相关的法律风险管理，合同管理需要多部门协同完成。同时，合同审签与履行具有分离性。合同涉及的经济业务在订立阶段一般经过需求部门申请立项、筹划管理、合同调查等流程，满足条件的还需组织招投标来确定中标人，经过合同谈判、合同审批、法律部门审查等，最后由法定代表人或其委托代理人签署。而合同的具体履行则是由各主办部门来完成。合同履行过程中还涉及履行情况监控、合同变更、合同结算、合同纠纷等情况。

因此，合同管理审计也由最初对合同条款的审计，逐步发展到对涵盖合同管理全过程的合同管理审计，包括对合同的签订、履行、变更、终止以及合同日常管理进行的审查与评价。合同管理审计的方式也从单一的事后合同管理审计，转变为事中合同管理审计。即将审计贯穿于合同整个生命周期所涉及的全部工作流程中，对管理流程中发现的问题及时提出审计建议，通过修订制度、完善资料、补充流程、重新审批、及时终止等方式，规避单位合同管理风险，提高资金使用效益。

四、合同管理审计工作流程

合同管理审计工作流程图如图 1-2 所示。

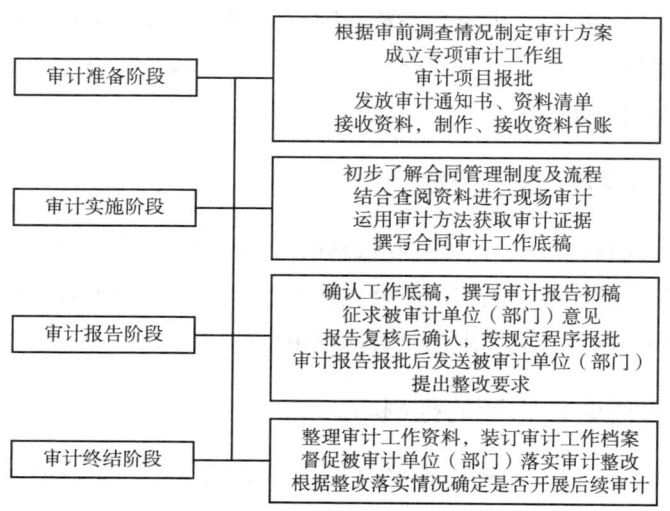

图 1-2　合同管理审计工作流程图

（一）审计准备阶段

1. 根据单位开展业务和审前调查情况，制定合同管理专项审计工作方案，成立专项审计工作组，确定工作内容及工作重点，按规定程序报批。合同管理专项审计工作获批后，向合同管理归口部门和相关业务部门发放审计通知书、审计资料清单等。

2. 按审计资料清单接收并记录报送资料，做好资料接收登记。

（二）审计实施阶段

1. 查阅资料，初步了解单位（部门）合同管理制度及流程，记录资料中发现的审计线索。

2. 依据国家法律、法规、单位内部与合同管理有关的规章制度，结合查阅资料中发现的线索，进行现场查验、调查询问并核实。针对现场审计工作开展情况补充查阅相关资料，运用多种审计方法开展深入审计，获取充分可靠的审计证据。

3. 与合同管理有关的业务经办人员、相关责任人进行访谈，进一步核实审计发现的线索。

4. 分析审计证据，讨论确定审计发现的问题，编制审计工作底稿，经与相关部门及人员进行充分沟通确认后，签署工作底稿。

（三）审计报告阶段

1. 依据签字确认的工作底稿，汇总初步审计意见，撰写审计报告初稿，向被审计单位（部门）征求意见。

2. 对被审计单位（部门）反馈的意见建议进行复核确认，将修改后的审计报告按规定程序报批。

3. 向被审计单位（部门）发送审批后的正式审计报告，并提出整改要求及时限。

（四）审计终结阶段

1. 整理审计工作资料，汇总装订审计工作档案。
2. 督促被审计单位（部门）落实审计发现问题的整改。
3. 根据整改落实情况确定是否开展后续审计。

五、合同管理审计的方法

合同管理审计时可运用询问法、流程图法、测试表法、现场审核法、历史分析法、内部控制测试等方法开展，主要关注合同归口管理、立项管理、签订管理、履约管理、财务管理、档案管理等方面。通过审查合同过程资料的充分性和可靠性，审查合同管理是否真实合法；通过审查流程执行的合规性，评价合同管理及合同执行中的风险管理情况；通过审查合同管理内部控制制度建立健全和执行情况，评估合同管理内控机制和风险防范的有效性。

审计人员可采用定期或不定期形式，对全部或者部分合同进行审计，部分合同管理审计可按照合同的类型、重要性、金额等开展审计。

（一）询问法

询问法主要运用问卷调查和面谈的方式，了解单位合同管理的基本情况。主要内容包括合同归口管理部门的设置和人员配备情况、岗位职责及履职情况、合同管理具体流程、合同管理基础工作（如合同管理制度、合同管理台账、合同档案管理建立健全情况）等。

（二）流程图法

流程图法主要是选取合同管理各个阶段的全部或部分流程（合同签订之前的前期准备阶段、合同订立阶段、合同执行阶段、合同后续管理阶段），以流程图的形式绘制出来，从而识别流程中的风险。这种方法比较简洁和直观，便于发现关键流程控制点的风险因素。

（三）测试表法

测试表法主要是选取合同管理流程中的各关键控制环节中的一项或多项，以测试表的形式进行测试，以查找关键点的风险因素是否存在控制缺陷，分析潜在的影响和重要程度，评估测试结果可以按完成程度划分为较好完成、一般完成、未完成，通过测试结果提出完善合同管理流程、规避合同风险的方法。

1. 资质审核测试表

资质审核测试表主要测试合同立项阶段合同对方的资信资质、关联方情况、是否满足单位需求、市场准入情况等方面核查的完成程度，如图1-3所示。

资质审核测试表

立项项目名称：

序号	关键点风险因素	完成程度		
		较好完成	一般完成	未完成
1	审核企业资质情况			
2	审核是否具备市场准入资格			
3	审核是否满足单位需求			
4	审核是否存在关联企业			
5	审核其他与合同立项阶段有关的关键点风险因素（需备注具体内容）			
6	……			

图 1-3　资质审核测试表

2. 招投标和授权审批控制测试表

招投标和授权审批控制测试表主要测试合同订立阶段对合同所涉及经济业务的招投标过程是否合法、合同审批签订程序是否合规、签订手续是否齐全等方面核查的完成程度，如图 1-4 所示。

招投标和授权审批控制测试表

立项项目名称：

序号	关键点风险因素	完成程度		
		较好完成	一般完成	未完成
1	审核合同涉及招投标过程是否规范			
2	审核合同审批签订流程的合规性			
3	审核合同签订手续的完整性			
4	审核其他与合同招投标和授权审批等签订阶段有关的关键点风险因素（需备注具体内容）			
5	……			

图 1-4　招投标和授权审批控制测试表

3. 合同条款内容及履行情况测试表

合同条款内容及履行情况测试表主要测试合同订立阶段合同文本具体内容核查的完成程度，如图 1-5 所示。如合同标的、数量、质量、价格、履行期限、地点、方式、违约金和赔偿金是否明确具体，是否与招投标结果一致；合同履行过程中的付款凭证是否与验收单、发票、合同履行结算单等相一致。

合同条款内容及履行情况测试表

立项项目名称：

序号	关键点风险因素	完成程度		
		较好完成	一般完成	未完成
1	审核合同文本中合同标的、数量、质量、价格、履行期限、地点、方式、违约金和赔偿金是否明确具体			
2	审核合同文本中具体内容是否与招投标结果一致			
3	审核合同过程中的付款凭证是否与验收单、发票、合同履行结算单等相一致			
4	审核其他与订立和履行阶段有关的关键点风险因素（需备注具体内容）			
5	……			

图 1-5　合同条款内容及履行情况测试表

（四）现场审核法

深入合同相关方的现场，查看合同双方的资质资信情况，获得第一手资料。现场审核法客观性较强，是保证审计质量的有效途径。

（五）历史分析法

审查与合同相关的财务、统计和单位管理的历史资料，如阶段性付款资料、与合同相关的服务记录等，确定是否计入合同项目中。

（六）内部控制测试法

合同管理内部控制测试是对合同管理内部控制制度建设和内控程序是否适当所进行的审计程序。可以从机构建设与职责、制度建设、信息化建设等方面，对合同制度的建设到执行，再到合同管理流程运行的整体情况进行审查和总体评价。

内部控制测试法是合同管理流程乃至单位全部业务流程内部控制评价的重要方法，属于定性评价，对单位内控评价的最终结果起到关键作用。关于内部控制及内部控制测试的具体方法，将在第二章合同管理内部控制测试章节详细讨论。

第二章 合同管理内部控制测试

第一节

合同管理内部控制概述

新医改时代,医疗卫生行政事业单位(下称"单位")内部控制是指单位为实现控制目标,通过制定制度、实施措施和执行程序,以应对风险的自我约束和规范,达到对经济活动的风险进行防范和管控的目的。内部控制的整体架构是指单位为了防范和管控经济活动风险而建立的内部管理体系,该体系由内部控制环境、风险评估、控制活动、信息与沟通、内部监督等要素组成,具体体现为各项内部管理制度以及落实制度所需的控制程序和措施。通过内部控制,合理保证单位经济活动合法合规。

根据《公立医院内部控制管理办法》(国卫财务发〔2020〕31号)的有关规定以及《行政事业单位内部控制规范(试行)》(2012)的两要素划分方法,我们将医疗卫生行政事业单位内部控制建设具体分为单位层面和业务层面。单位层面控制具体包括组织架构、工作机制、关键岗位、关键人员、会计系统、信息系统。业务层面控制包括预算管理、收支管理、政府采购管理、资产管理、建设项目管理、合同管理、医疗业务管理、科研项目和临床试验项目管理、教学管理、互联网医疗业务管理、医联体业务管理、信息系统管理等,如图2-1所示。

内部控制既是单位的一项重要管理活动,又是一项重要的制度安排,是单位治理的基石,不仅是规章制度,而是贯穿于单位经济活动和管理工作的决策、执行和监督的全过程。合同管理业务的内部控制涉及合同前期准备、合同订立、合同执行、合同后续管理等环节,能够连接和辐射到单位各关键环节的业务流程中,因此,合理有效的合同管理内部控制,为其他业务流程内部控制的完善提供了重要参考,为经济活动合法合规、单位资产安全和有效使用等方面提供了有力保障。

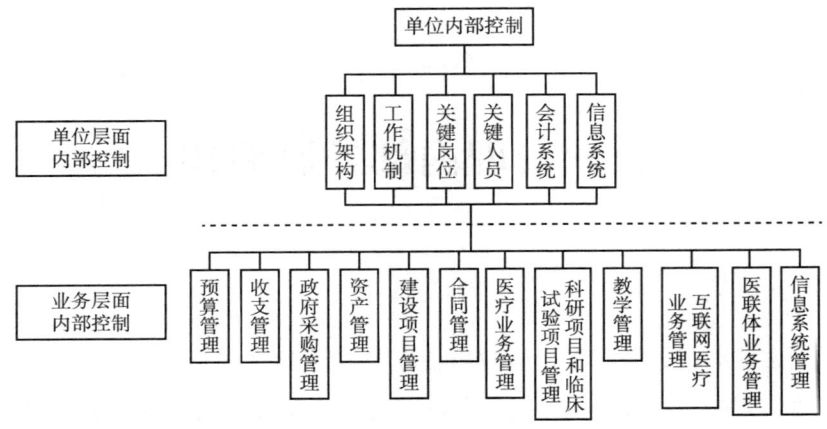

图 2-1 单位内部控制建设框架

一、合同管理内部控制的意义

合同管理的内部控制是为了实现控制目标，通过制定制度、控制措施和执行流程，对合同管理的风险进行防范和管控的手段，是科学合理规避经济风险、防范舞弊、预防腐败，加强合同管理的内在需求治理机制。合同管理的内部控制作为单位管理的重要组成部分，是一个循环往复、不断优化完善的过程，单位内部通过采取自我调整、约束、评价和控制，对经济活动的风险进行防范和管控。以制衡性为原则，形成决策权、执行权和监督权三权分离的架构，从横向上确保合同归口管理部门、合同业务部门、合同监督部门、合同执行部门等各部门之间相互监督、相互制约，从纵向上形成逐级监督的制约机制，最终形成决策、执行、监督相互制衡、相互促进、相互协调的治理体系。

（一）合理保证合同中经济活动合法合规

单位各项经济活动都必须遵循国家法律、行政法规和相关政策文件等的要求，严禁违法违规行为的发生。单位须明确规范合同中涉及的各项经济行为和运行程序，并建立相应的监督措施。违反法律法规，不但影响单位的长远发展，还会影响单位的社会形象。

（二）合理保证资产安全和使用有效

医疗卫生行政事业单位特别是医院和研究所，合同业务中会涉及大量仪器设备及材料，这些资产是单位正常运转的物质基础和财力保障，资产不安全、使用效率低都将对各项工作的正常开展产生不利影响。

（三）合理保证财务信息真实完整

财务信息是对单位合同业务效率和效果的客观、综合的反映。加强合同履行阶段的会计核算等环节的内部控制，有利于经营活动的信息及时准确地反映在财务报表中，在客观上形成一种有效的约束机制，促使财务人员遵守财会相关法规，按合同履行职责，提升内部管理水平。同时可以为管理层提供可靠的决策依据。

（四）有效防范舞弊和预防腐败

发挥内部控制的制衡作用，进一步完善决策权、执行权和监督权三权分离的机制，并建立事先防范、事中监督和事后惩治相结合的反腐倡廉机制，发挥合同管理全流程控制作用，有效地预防舞弊和腐败。防止因为管理制度不完善、实际执行不到位、监督走过场等问题导致的舞弊和贪污腐败行为。

（五）提高公共服务的效率和效果

通过加强合同管理内部控制，有利于经济活动的风险防范与管控，提升管理效率，有效履行职能，夯实物质基础，实现单位提高公共服务的效率和效果的目标。

二、合同管理内部控制的方法

根据财政部2012年发布的《行政事业单位内部控制规范（试行）》中规定，内部控制的控制方法实质上就是内部控制的机制，是指为将经济活动风险控制在可承受（可承诺）的范围之内，根据内部控制的原理，并结合风险评估的结果，针对风险点选择的措施和程序。

单位内部控制的八大控制方法可以运用到单位业务管理的各项流程

中，具体包括：不相容岗位相互分离、内部授权审批控制、归口管理、预算控制、财产保护控制、会计控制、单据控制以及信息内部公开。对于合同管理的内部控制，可以针对合同管理流程中的关键节点，选取一种或多种方式进行综合运用和实施。

（一）不相容岗位相互分离

不相容岗位是指从相互牵制的角度出发，不能由一人兼任的岗位。不相容岗位由两个或两个以上人员承担，无意识地犯同样错误的可能性很小，有意识地合伙舞弊的可能性也低于一人舞弊的可能性。因此能够增加岗位间的制约与监督，减少发生错误或舞弊行为的可能性，也更易于发现并及时制止。

在合同管理业务流程中，通常划分为合同事项立项申请、合同审核审批、合同签订、合同履行、合同信息记录、合同归口管理以及内部监督等岗位。不相容岗位相互分离，意味着提出合同立项申请的岗位应当与合同审核审批的岗位分离，合同审核审批的岗位与具体合同履行的岗位分离，合同履行的岗位与信息记录的岗位分离，审批岗位和执行岗位需要与内部监督的岗位分离。

不相容岗位相互分离这种控制方法要求合理设置合同管理的内部控制关键岗位，明确划分职责权限，实施相应的分离措施，形成相互制约、相互监督的工作机制。所以，这种机制有利于事前防范和事中管控，在防范舞弊和预防腐败方面能够发挥重要作用。

（二）内部授权审批控制

内部授权审批控制是指单位根据合同管理流程的常规授权和特别授权的规定，明确单位内部各部门、各岗位日常合同业务所授予的权限范围、审批程序和相应责任。其目的是确保相关工作人员按照职责权限开展工作，从而防止未经授权行使权力、超越授权范围审批业务等情况。

内部授权审批控制要求明确合同全流程涉及的各岗位办理业务和事项的权限范围、审批程序和相关责任。对与单位经济活动相关的重大决策、重大事项、重要人事任免及大额资金支付业务，即"三重一大"业务有关的合同，还应当建立集体决策和审核会签制度，相关人员应当在授权范围内行使职权、完成合同管理流程审批，从而合理保证决策的科学性，并确保任何人不得单独进行决策或者擅自改变集体决策意见。

（三）归口管理

归口管理是指单位按照合同管理要求，结合单位职责、组织机构和岗位设置，在不相容岗位相互分离和内部授权审批控制的前提下，明确合同管理的归口管理责任部门的控制方法。

归口管理这种控制方法要求根据单位合同管理工作的实际情况，在权责对等的基础上统一管理。合同管理涉及经济合同立项、签订、审批、履行、后评价等诸多环节，需要多个业务部门配合，有些合同所涉及经济事项专业性很强，还需要法律专家提供专业性意见，因此，建立合同归口管理部门，按照权责对等的原则实行统一管理，使用和保管合同专用章和授权委托书，提供合同签订的法律专业支持，参与合同签订流程中必要的合规性审核，并对合同履行实施有效控制，有助于降低经济资源流失的风险和财务信息失真的风险。

（四）预算控制

预算是根据单位发展目标和计划编制的年度财务收支计划，是单位业务活动的财力支持和经济活动的基本依据。

预算控制这种控制方法要求单位要强化对经济活动的预算约束，使预算管理贯穿于单位经济活动的全过程。合同管理中的预算控制贯穿于合同全流程，即发挥着事前计划、事中控制、事后反馈的作用。合同业务中涉及的收支业务、采购业务、建设项目等经济活动，都需要强化预算约束，要求单位按照预算批复的额度和规定办理相关经济业务，从而规范和制约各项经济行为，防范资金风险。

（五）财产保护控制

保护资产安全和使用有效是单位内部控制的基本目标之一。财产保护控制是实现这一目标的有效控制方法，要求单位建立资产日常管理制度和定期清查机制，采取资产记录、实物保管、定期盘点、账实核对等措施，确保资产安全完整。

合同管理中的财产保护控制主要体现在合同履行阶段，包括合同标的中涉及的资产的验收、登记、入库、分类、汇总等，确保与资产有关的权利义务按合同约定履行。同时应建立资产管理档案，妥善保管涉及资产的各种文件资料，避免记录受损、被盗、被毁。严格按规定进行资产保管和处置报批流程，明确报批程序、审批权限和相关责任，防止未经审批随意处置资产的情形。

（六）会计控制

财务信息真实完整是单位内部控制的基本目标之一，会计控制是实现这一目标的有效方法。行政事业单位会计需要同时满足预算管理和财务管理的要求，会计控制也在预算管理和财务管理中发挥着重要作用。

合同管理中的会计控制作为单位整体会计控制中的一部分，主要包括建立健全与合同业务相关的财会管理制度，合理配备具有相应资格和能力的会计人员。明确各岗位职责，在不相容岗位相互分离的基础上，强化会计人员的岗位责任制，提高单位会计人员职业道德、业务水平，确保会计人员正确行使责权。在合同履行阶段，尤其是付款阶段，规范会计基础工作，加强会计档案的管理，明确合同执行的收付款处理程序，确保每一笔合同收支有章可循，有据可依。

（七）单据控制

单据控制要求单位根据国家有关规定和经济活动业务流程，在内部管理制度中明确界定各项经济活动所涉及的表单和票据，要求相关工作人员按照规定填制、审核、归档、保管单据。单据控制从种类上或从来源上看可以分为表单控制和票据控制。合同管理中的单据控制既包括表单控制，也包括票据控制。表单通常是指单位发生经济行为所涉及的内部凭证，如合同文本、验收单据、入库单据、维修记录、服务单据、验收报告、成果文件、项目进度请款单据等。票据通常是指单位发生经济行为在报销环节使用的外部凭证，证实经济事项的真实性及其具体金额，如发票等。通过对合同业务所涉及的单据制度化、使用和管理单据规范化的方式，加强单据控制。避免单据使用不当，造成合同资金风险。

单据控制就是对单位签订合同的履行情况进行控制，实际上就是把支出事项的外部票据控制与支出事项的内部表单控制相结合，建立对单据的内外结合控制体系，保证合同权利义务正常履行，经济交易事项真实、合法，避免虚假交易，同时减少建立"小金库"的机会，也使"假发票"没有市场。

（八）信息内部公开

信息内部公开是指对某些合同中的与经济活动相关的信息，根据国家有关规定和单位的实际情况，在单位内部的一定范围内，面向特定人员或全体人员，公开合同涉及的内容、范围、方式和程序，包括合同立项阶段、订立阶段的工作流程、工作内容、决策结果、签订程序等，从而达到加强内部监督，促进部门间沟通协调以及督促相关部门自觉提升工作效率的有效方法。随着《行政事业单位内部控制规范（试行）》的深入实施，单位可以在搭建信息公开平台、建立健全工作机制、规范信息公开流程、深化信息公开内容、完善信息公开基础工作等方面进行努力，进一步提高信息公开的主动性、自觉性和规范性。使信息公开工作做到主体明确、程序规范、方式灵活、反馈顺畅、回应及时。

第二节

合同管理内部控制测试概述

一、合同管理内部控制测试的定义

合同管理的内部控制测试是审计人员通过调查了解合同管理内部控制

的设置和运行情况，运用特定的方法，对合同管理内部控制的健全性、合理性和有效性作出评价，以决定是否依赖内部控制，并确定实质性测试的性质、范围、时间和重点的活动。开展内部控制测试是对单位合同管理情况所进行的初步评价，是审查和评价单位合同管理内部控制的恰当程度、有效性和健全性，以及在履行职责时的执行效果等内容。

二、合同管理内部控制测试的目标

（一）总体目标

单位开展内部控制测试，应当测试单位是否明确设立控制目标，引导内部控制朝着正确的方向进行设计并实施。是否以规范单位经济活动和合同业务有序运行为主线，以合同管理内部控制量化评价为导向，以信息系统为支撑，突出规范重点领域、关键岗位的运行流程、制约措施，是否建立合同管理内部控制体系，是否能够促进依法行使、推进廉政建设、保障事业发展。

（二）基本目标

单位合同管理内部控制测试的基本目标，应为单位在合同管理制度建设和实施内部控制所要达到的效果和目的，主要包括：合理保证合同业务合法合规、合同涉及资产安全和使用有效、合同资金和财务信息真实完整，有效防范舞弊和预防腐败，提高公共服务的效率和效果。

三、内部控制测试的意义

合同业务流程涉及单位业务部门、财务部门、合同业务归口管理部门（法律部门）等。单位与合同对方签订合同，一般需要经过合同立项、合同筹划、合同调查、合同谈判、合同内容拟订、合同审批、合同签署、合同履行监控、合同结算、合同履行情况评估、合同档案保管与归档等业务流程。对于合同变更、转让或终止，还要做好相关处理工作。

合同管理内部控制测试是对单位合同管理内部控制概况有一个初步了解，具体包括对合同管理内部控制制度建设、合同业务流程和内控程序是否健全、合理进行初步判断。其主要目的是评价合同管理内控的有效性，从机构建设与职责、制度建设、信息化建设等方面，对合同内部管理制度、岗位设置、合同审批、履行监控、结算管理、登记与保密、合同纠纷管理等业务流程的制定、运用和执行的整体情况进行审查和评价，为后续实质性程序提供依据。在开展后续实质性程序时，可根据控制测试的结果有效或无效，来评价合同的内部控制是否得到有效执行，确定实质性程序的广度和深度，相应减少或扩大抽取的审计样本量，因此，内控测试在合同管理审计中，是评价单位合同管理内部控制执行效果的首要且必要程序。

第三节 合同管理内部控制测试的实施

单位层面内部控制是具体业务层面内部控制的根基，直接决定了业务层面内部控制的有效实施和运行效果。因此，有效的内部控制测试是推动单位管理不断完善的重要保障，单位应针对内部监督检查和自我评价发现的问题，对相关制度、措施和程序进行持续调整及改进，使各项制度、措施和程序能够适应新情况、新问题，在经济活动风险管控中持续发挥积极的作用。本书在讨论合同管理的内部控制时，不仅从规章制度建设和执行方面入手，更多的是贯穿单位内部控制中合同管理业务的全过程。

一、机构与职责的内部控制测试

1. 查阅内设机构及职能设置文件等资料，了解机构设置、职责分工及落实情况。包括是否明确并合理设置合同归口管理部门，是否履行职责；

是否建立健全议事决策机制、岗位责任制、内部监督机制、合同纠纷协调机制等。

2. 查阅合同管理岗位、业务岗位人员职责及具体工作内容等资料，了解岗位设置及职责分工情况。包括合同业务的各职能岗位是否符合职责分离原则，合同的制订与审核、审核与审批、审批与订立、执行与监督是否相互分离，形成不相容岗位相互分离、相互制约、相互监督的机制，如图2-2所示。

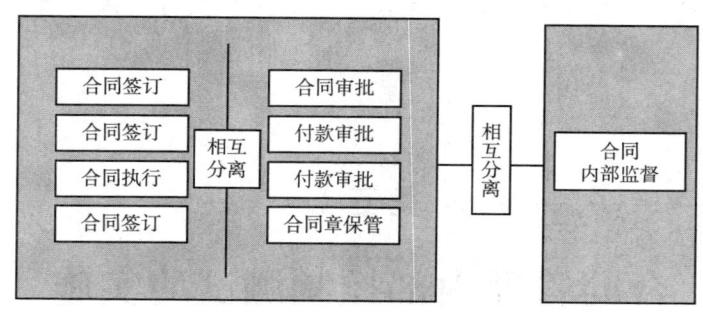

图2-2　不相容岗位分离示意图

3. 通过查阅制度中合同管理流程及职责权限设置情况，审查合同归口管理、岗位设置情况。包括是否明确合同审核、审批、签署权限；是否明确各级审批岗位履职、责任落实情况；是否有效规避未经授权审批或越权审批的风险。

二、制度建设的内部控制测试

1. 查阅合同内控制度订立原则、订立依据等，了解合同管理制度建设基本原则，制度体系健全、合规情况。包括制度建设内容是否具有合法性、合规性，是否与国家相关法律和地方法规有冲突；制度内容是否涉及合同业务管理全流程。

2. 查阅合同管理制度具体内容、业务流程图等资料。了解制度建设完整性、全面性情况。审查是否建立健全合同管理制度，具体内容中是否明确签订合同的经济活动范围和条件，是否明确签订管理、履约管理、财务管理、用印管理、档案管理、信息化管理、监督审查等内容；相关制度是否有效执行等；合同用印及合同档案管理制度是否健全。

3. 查阅合同管理内部控制评价报告、合同管理专项检查报告等，了解合同管理制度执行基本情况、实用性情况。包括是否建立良好的合同管理秩序，是否贴合单位业务实际并发挥效力，成为单位规范化、流程化管理的依据和重要手段；制度体系规范是否在合同管理的全生命周期中正常运行。

三、信息化建设的内部控制测试

1. 通过查看合同管理信息系统及其他相关配套系统，了解信息化建设情况。包括是否建立合同管理信息系统；是否符合合同管理的内部控制要求；是否将合同管理的主要流程、重要环节嵌入信息系统关键节点；录入合同相关信息是否全面；是否达到业务模式化、职能流程化、体系信息化的效果。

2. 通过查看信息系统职能权限与设置情况，风险预警设置，查看系统对风险识别与管理的控制能力。包括是否结合单位自身业务需求和签订合同的类型与特点，建立信息系统风险管控机制；是否设置相关评估岗位、职能及人员权限，履行合同风险的识别、规避和控制职能；是否按照合同重要性及保密级别对合同数据进行有效分类和管理；是否采取有效的数据安全及保密措施。

3. 通过查看系统相关数据分析、运行报告，了解合同信息化整体实际应用效果。包括是否根据合同业务开展情况，优化合同业务流程，建立合同立项、合同筹划管理、合同调查、合同谈判、合同审批、合同签署、履行监控、变更及结算节点控制功能；是否建立纠纷管理、后评价管理数据库；是否提升了合同业务操作水平和整体运营效率；是否为单位决策层提供了全面的信息数据和决策辅助。

4. 通过查看系统在各业务部门衔接和互通情况，了解合同信息系统数据安全及资源共享情况。包括是否建立良好的信息沟通系统，是否覆盖合同管理各业务环节；是否有助于提升合同管理业务在信息系统上的运行效果；是否提供全面、及时、准确的数据分析和研究报告，有助于领导层及时掌握运营情况，并在相关业务层级和人员之间进行有效沟通。

随着时代的发展和信息技术的进步，信息化建设已经成为单位发展的重要标志，合理有效的信息化建设，在提高单位生产运营效率，完善内部控制环境，降低运营风险和成本方面，起到积极的推动作用，为单位业务自动化和管理的自动化提供基础。信息化建设也将成为内部控制结构重要的组成部分，并推进管理机制改革、内部控制创新，在单位管理中得到广泛应用。因此合同管理作为参与单位经营活动的重要组成部分，合同管理的信息化审计在传统的控制观念的基础上，充分利用信息技术，开展合同内部控制的创新工作，满足审计管理需要，变得越发重要。本章节信息化建设的内部控制测试侧重于从宏观角度整体评价合同管理信息化建设及运营的总体情况和实施应用效果。合同信息化审计的后续实质性程序的内容，将在后续章节单独展开。

第三章 合同管理审计

合同管理审计是指对合同全过程管理工作进行的监督和评价，主要审查合同事项与管理活动的真实性、合法性、效益性以及与合同相关的内部控制制度的建立健全和有效性。合同管理审计的主要内容包括：合同立项阶段审计、合同订立阶段审计、合同履行阶段审计、合同完结后评价管理审计、合同档案管理审计。本书中合同管理审计是按照合同管理的全流程进行审计，是为更好地审查合同签订的合法、合规、合理性；在问题落实上如果属于招标阶段的问题、预算的问题，还应将问题落实到相应的采购与预算管理方面。

第一节

合同立项阶段审计

内部审计机构和内部审计人员依据法律法规和单位内部相关管理制度，对所在单位作为投资主体而因此承担投资法律责任和风险的项目进行立项情况审计。审计时主要是按照法律法规和单位内部制度规定，审查项目立项决策的程序，确定项目论证是否充分，有无虚报项目和投资等问题。目的是对合同签订的合法、合规、合理性进行审查。

一、立项情况审计

合同签订前立项阶段审计主要是对拟签订合同的项目立项决策、经费来源及审批手续进行审计。项目经费来源主要分为财政项目经费、科教项目经费、单位公用经费三类。

（一）审计目标

目标1：审查立项决策程序是否规范

目标 2：审查项目经费来源

目标 3：审查审批手续是否齐全

（二）审计依据

《行政事业单位内部控制规范（试行）》《中华人民共和国预算法》《中华人民共和国预算法实施条例》及单位"三重一大"议事规则、合同管理办法、预算管理办法、预算审批流程等单位内部管理制度、立项批复文件、立项审批意见及审批记录、采购预算、党委会纪要、院（所）长办公会纪要等。

（三）审计内容和要点

1. 通过查阅立项批复文件、党委会纪要、院（所）长办公会纪要等，审查立项决策程序是否规范。

（1）审查是否取得上级主管部门、项目审批部门的批复。

（2）审查是否履行单位重大经济事项集体决策程序。

（3）审查是否有超授权审批现象。

2. 通过查阅采购预算及相关资料，审查项目经费来源。

（1）审查合同金额是否不超过预算金额，是否存在超预算采购。

（2）审查资金来源是否落实，是否存在无预算采购。

3. 通过查阅立项审批记录、审批流程等，审查审批手续是否齐全。

（1）审查立项批准是否符合相关审批流程及审批权限。

（2）审查审批手续是否真实，审批资料是否完整。

（四）核心知识点

1. 合同管理，是指合同当事人为实现合同目的，根据自身具体情况，依据《中华人民共和国民法典》等有关法律法规，在合同准备、筹划、签署、履行、变更、解除直至解决纠纷、终止合同的整个过程中所进行的一系列民商事法律行为及管理行为。合同管理的目标是通过对合同管理全过程进行规定和控制，确保合同的有效执行，及时发现合同违约风险，并有效处理。

2. 《中华人民共和国预算法》第十三条规定：经人民代表大会批准的预算，非经法定程序，不得调整。各级政府、各部门、各单位的支出必须以经批准的预算为依据，未列入预算的不得支出。

3. 《中华人民共和国预算法》第四十三条规定：中央预算由全国人民代表大会审查和批准。地方各级预算由本级人民代表大会审查和批准。

4. 《中华人民共和国预算法》第五十七条规定：各级政府财政部门必须依照法律、行政法规和国务院财政部门的规定，及时、足额地拨付预算支出资金，加强对预算支出的管理和监督。各级政府、各部门、各单位的支出必须按照预算执行，不得虚假列支。各级政府、各部门、各单位应当对预算支出情况开展绩效评价。

5. 《中华人民共和国预算法实施条例》第六十条规定：各级政府、各部门、各单位应当加强对预算支出的管理，严格执行预算，遵守财政制度，强化预算约束，不得擅自扩大支出范围、提高开支标准；严格按照预算规定的支出用途使用资金，合理安排支出进度。

6. 《中华人民共和国招标投标法》第九条规定：招标项目按照国家有关规定需要履行项目审批手续的，应当先履行审批手续，取得批准。

招标人应当有进行招标项目的相应资金或者资金来源已经落实，并应当在招标文件中如实载明。

7. 可研报告资料解读：2023年3月23日，国家发展改革委印发《投资项目可行性研究报告编写大纲及说明》（发改投资规〔2023〕304号），包括《政府投资项目可行性研究报告编写通用大纲（2023年版）》（下称"通用大纲"）、《企业投资项目可行性研究报告编写参考大纲（2023年版）》（下称"参考大纲"）和《关于投资项目可行性研究报告编写大纲的说明（2023年版）》。

可行性研究的主要内容是对项目产出、资源保障、建设规模、工艺路线、设备选型、资金筹措等方案进行策划，从需求、建设、运营、财务、影响及风险管控等角度进行综合研究分析，提出项目是否值得投资以及如何进行建设与运营的结论与建议。无论是"通用大纲"，还是"参考大纲"都强调，可行性研究要围绕投资项目建设必要性、方案可行性及风险可控性三大目标开展系统、专业、深入论证。

第二节

合同订立阶段审计

合同订立阶段审计是指对合同签订前的筹划管理、合同调查、合同谈判、合同审批、合同签署五个方面进行的审计，审计目的是使审查合同的签订符合单位总的经营目标、战略方向和单位的经济利益；对方单位履约能力的审查是保障合同能够有效执行，避免产生经济损失；审查合同签订审批、签署流程的合规性、有效性，最终使单位的经济利益得到保障。

一、筹划管理审计

合同筹划管理是指在订立合同阶段，了解经济行为和经济业务的事实，进行合法性、合规性和可行性分析。

（一）审计目标

目标1：审查经济行为是否符合相关法律法规

目标2：审查经济行为的管理是否健全

目标3：审查拟订立经济合同是否满足单位需求

（二）审计依据

《中华人民共和国民法典》、可行性研究报告、单位内部控制制度、"三重一大"议事规则、合同管理制度等相关内部制度、立项批示文件。

（三）审计内容和要点

1. 通过查阅收集、整理和分析行业相关和单位适用的法律法规、规章制度、合同、表单、档案和证书等基础资料，审查经济行为是否符合相关法律法规。

（1）审查合同是否存在违反法律、法规、规章、规范性文件、政策等规定的情形，识别拟订立合同的法律风险。

（2）审查行为人是否具有相应的民事行为能力，是否是真实意思表示。

（3）审查是否违规签订担保、投资、借贷合同。

2. 通过查阅单位管理制度和相关流程，审查经济行为的管理是否健全。

（1）审查控制风险的应对措施是否嵌入相应的管理制度之中。

（2）审查单位内部相关人员是否按照规章制度、岗位职责、工作流程等进行操作。

（3）审查不相容岗位是否相互分离。

（4）审查是否将需要招标管理或较高级别领导审批的重大经济合同拆分为金额较小的若干不重要合同。

3. 通过查阅经营规划等与之相关的资料和需采购的材料等，审查拟订立经济合同是否满足单位需求。

（1）审查经济活动是否虚构。

（2）审查是否能满足单位战略和业务目标的实现。

（3）审查拟订立合同标的物是否与立项材料、立项预算相匹配。

（4）审查是否明确合同的业务和事项范围。

（四）核心知识点

1.《中华人民共和国民法典》第四百六十四条第一款规定：合同是民事主体之间设立、变更、终止民事法律关系的协议。

2. 民事主体即民事法律关系的主体，是指根据法律规定，能够参与民事法律关系，享有民事权利和承担民事义务的当事人。

3.《中华人民共和国民法典》第一百一十九条规定：依法成立的合同，对当事人具有法律约束力。

条文注释：

法律约束力，是指当事人应当按照合同的约定履行自己的义务，非依法律规定或者取得对方同意，不得擅自变更或者解除合同。如果不履行合同义务或者履行合同义务不符合规定，应当承担法律责任。

4.《中华人民共和国民法典》第一百四十三条规定：具备下列条件的民事法律行为有效：（一）行为人具有相应的民事行为能力；（二）意思表示真实；（三）不违反法律、行政法规的强制性规定，不违背公序良俗。

条文注释：

根据本条规定，民事法律行为应当具备的有效条件包括：

（1）行为人具有相应的民事行为能力。这里的"相应"，强调行为人所实施的民事法律行为应当与其行为能力相匹配：对于完全民事行为能力人而言，可以从事一切民事法律行为，其行为能力不受限制；对于限制行为能力人而言，只能实施与其年龄、智力、精神健康状况等相适应的民事法律行为，实施其他行为需要经过法定代理人的同意或者追认；而无行为能力人由于不具备行为能力，其实施的民事法律行为是无效的。

（2）意思表示真实。在意思表示不真实的情况下，民事法律行为不能具备完全有效的效力。

（3）不违反法律、行政法规的强制性规定，不违背公序良俗。

5.《政府采购需求管理办法》（财库〔2021〕22号）第七条规定：采购需求应当符合法律法规、政府采购政策和国家有关规定，符合国家强制性标准，遵循预算、资产和财务等相关管理制度规定，符合采购项目特点和实际需要。采购需求应当依据部门预算（工程项目概预算）确定。

6.《中华人民共和国招标投标法》第四条规定：任何单位和个人不得将依法必须进行招标的项目化整为零或者以其他任何方式规避招标。

7.《中华人民共和国预算法》第六十三条规定：各部门、各单位应当加强对预算收入和支出的管理，不得截留或者动用应当上缴的预算收入，不得擅自改变预算支出的用途。

8.《中华人民共和国预算法》第七十二条规定：各部门、各单位的预算支出应当按照预算科目执行。严格控制不同预算科目、预算级次或者项目间的预算资金的调剂，确需调剂使用的，按照国务院财政部门的规定办理。

二、合同调查审计

合同调查是指对合同主体情况，如主体基本信息、主体资质和主体履约能力进行了解和分析。合同调查审计是指审计人员对业务部门进行的合同调查情况是否属实，合同主体是否能够履约进行的审计。

（一）审计目标

目标1：审查合同主体是否合法合规

目标2：审查合同主体的资信情况

目标3：审查合同主体是否具备履约能力

（二）审计依据

《中华人民共和国民法典》《中华人民共和国公司法》《政府采购需求管理办法》、国家企业信用信息公示系统、信用中国网站、工商局网站、营业执照、财务报告、业绩资料、授权委托书等。

（三）审计内容和要点

1. 通过查阅项目采购资料和授权委托书，审查合同主体是否合法合规。

（1）审查对方主体是否与中标通知书中的中标单位一致。

（2）审查授权委托代理人，标的物代理资格是否合法合规，是否存在转授权、超授权现象。

2. 通过查阅对方主体资质材料和信用情况，审查合同主体的资信情况。

（1）查阅对方主体资质材料。自然人主体信息通过身份证明文件审查主体真实性；法人或其他组织主体信息通过审查营业执照或国家企业信用信息公示系统（http：//gsxt.amr.gd.gov.cn），审查主体真实性。

（2）通过信用中国网站（www.creditchina.gov.cn）查询拟订立合同主体信用情况。

3. 通过查询对方主体营业状态，查阅经审计的财务报告等资料，审查合同主体是否具备履约能力。

（1）审查履约能力，对于自然人，审查是否具备相应的民事行为能力；对于法人或其他组织，审查其是否依法成立并有效存续，如果已经被吊销营业执照或正处于清算状态，则不能再签署经营性合同。

（2）审查拟订立的合同对合同主体条件或资质是否有要求，审查该主体是否具备签署合同的条件或资质。调阅对方主体提供的资质证明材料，审查该证明文件是否在有效期。

（3）审查对方经审计的财务报告和以往交易记录、考察对方生产经营活动及相关工作流程，审查对方获利能力、偿债能力、营运能力和现金流量等是否符合履约要求，是否存在财务风险和经营风险，避免对拟订立合同主体的履约能力给予过高评价。

（4）审查对方主体对于拟订立的合同标的是否具有合法的处置权。如果没有合法处置权，可能导致合同目的无法实现。如果是代理合同，审查其代理行为是否超越了授权的范围，是否超出了授权期限，是否为表见代理。

（四）核心知识点

1. 合同主体：即合同当事人，指参加合同法律关系，享受利益或承担义务的人。包括自然人、法人和非法人组织三类。自然人既包括具有中国国籍的中国公民，也包括外国人和无国籍人。法人是具有民事权利能力和民事行为能力，依法独立享有民事权利和承担民事义务的组织。非法人组织是不具有法人资格，但是能够依法以自己的名义从事民事活动的组织。

2. 《中华人民共和国公司法》第七条规定：依法设立的公司，由公司登记机关发给公司营业执照。公司营业执照签发日期为公司成立日期。公司营业执照应当载明公司的名称、住所、注册资本、经营范围、法定代表人姓名等事项。公司营业执照记载的事项发生变更的，公司应当依法办理变更登记，由公司登记机关换发营业执照。

3.《政府采购需求管理办法》（财库〔2021〕22号）第十八条规定：根据采购需求特点提出的供应商资格条件，要与采购标的的功能、质量和供应商履约能力直接相关，且属于履行合同必需的条件，包括特定的专业资格或者技术资格、设备设施、业绩情况、专业人才及其管理能力等。

4.《中华人民共和国民法典》第一百六十五条规定：委托代理授权采用书面形式的，授权委托书应当载明代理人的姓名或名称、代理事项、权限和期限，并由被代理人签名或者盖章。

条文注释：

委托代理，是指按照被代理人的委托来行使代理权的代理。此时，代理人行使的代理权称为委托代理权，是基于被代理人的意思而产生的。被代理人授权代理人委托代理权的行为，称为授权行为。

根据《中华人民共和国民法典》第一百三十五条的规定，在法律、行政法规没有特别规定或者当事人没有约定的情况下，委托代理授权可以采取书面形式、口头形式或者其他形式中的任何一种。其中，书面形式是最主要的一种授权形式，称为授权委托书。

5.《中华人民共和国民法典》第九百二十条规定：委托人可以特别委托受托人处理一项或者数项事务，也可以概括委托受托人处理一切事务。

条文注释：

受托人在处理委托事务时，应以受托人指示的受托事务范围为准。以受托人处理受托事务的范围为标准把委托分为两大类，即特别委托和概括委托。

特别委托是指双方当事人约定受托人为委托人处理一项或者数项事务的委托。特别委托一般有以下几种情况：（1）不动产出售、出租或者就不动产设定抵押权；（2）赠与，由于赠与属于无偿行为，所以需要有委托人的特别授权；（3）和解，在发生纠纷后，有关人员在处理问题时需要双方当事人彼此作出一定的妥协与让步,以终止争执或者防止争执的扩大;(4)诉讼;(5)仲裁。

概括委托是指双方当事人约定受托人为委托人处理某个方面或者范围内的一切事务的合同。例如,委托人委托受托人处理其买卖业务或者租赁业务的所有事宜。

6.《中华人民共和国政府采购法》第二十二条规定:供应商参加政府采购活动应当具备下列条件:"(一)具有独立承担民事责任的能力;(二)具有良好的商业信誉和健全的财务会计制度;(三)具有履行合同所必需的设备和专业技术能力;(四)有依法缴纳税收和社会保障资金的良好记录;(五)参加政府采购活动前三年内,在经营活动中没有重大违法记录;(六)法律、行政法规规定的其他条件。"

7.《中华人民共和国民法典》第五百零三条规定:无权代理人以被代理人的名义订立合同,被代理人已经开始履行合同义务或者接受相对人履行的,视为对合同的追认。

条文注释:

本条所规定的"无权代理人以被代理人的名义订立合同",是指行为人没有代理权、超越代理权或者代理权终止后,仍然以被代理人的名义与他人订立合同的情形。

无权代理人以被代理人的名义订立合同后,被代理人对该无权代理行为享有追认的权利。一般情况下,被代理人实际进行追认的,往往会以口头或者书面等明示的方式作出追认的意思表示。但在一些情况下,被代理人没有以明示的方式作出追认或者拒绝的意思表示,已经开始履行合同义务或者接受相对人履行。本条将被代理人开始履行合同义务或者接受相对人履行的行为,视为以默示的方式对无权代理行为作出追认的意思表示,并对此作出明确的规定。

8.《中华人民共和国民法典》第五百零四条规定:法人的法定代表人或者非法人组织的负责人超越权限订立的合同,除相对人知道或者应当知道其超越权限外，该代表行为有效，订立的合同对法人或者非法人组织发生效力。

三、合同谈判审计

合同谈判主要对合同要素、合同条款中的内容进行谈判。对合同条款的拟订审查，不仅要注重文字的表述，更要注重条款的实质内容，双方权利义务关系、避免出现损害单位经济利益的不平等条款。

在实际工作中，谈判方式有多种形式，可以是现场谈判、电子邮件往来的谈判、微信方式表述谈判等，以什么形式开展根据合同的重要程度与合同内容的分歧情况而定，参与谈判的人员也是依据合同的重要程度与合同内容的分歧情况而定。

合同谈判审计，是指对合同谈判过程和结果的审计。审查对合同主要内容存在的分歧或重大事项协商过程和结果情况的审计，审查谈判情况是否维护单位利益。

（一）审计目标

目标1：审查合同主体情况
目标2：审查合同谈判内容

（二）审计依据

《中华人民共和国民法典》、谈判委托书、谈判记录、谈判签到表等。

（三）审计内容和要点

1. 通过查阅谈判委托书、营业执照、中标通知书等，审查合同主体情况。
（1）审查谈判人员是否有授权委托书，是否超授权谈判。
（2）审查谈判主体与实际承担权利义务的投标主体是否一致等。
2. 通过查阅谈判委托书、谈判记录、谈判签到表等，审查合同谈判内容情况。
（1）审查谈判分歧是否解决或缩小。

（2）审查谈判结果是否维护单位利益。

（3）审查谈判记录是否完整、是否与合同签订一致。

（4）审查谈判人员是否符合单位谈判规定，是否为一人谈判。

（四）核心知识点

谈判是有关方面就共同关心的问题互相磋商，交换意见，寻求解决的途径和达成协议的过程。谈判有广义与狭义之分。广义的谈判是指除正式场合下的谈判外，一切协商、交涉、商量、磋商等，都可以看作谈判。狭义的谈判仅仅是指正式场合下的谈判。

谈判之所以能够进行，并能够最终达成协议，取决于以下几个方面：一是双方各有尚未满足的需要；二是双方有共同的利益，又有分歧之处；三是双方都有解决问题和分歧的愿望；四是双方能彼此信任到某一程度，愿意采取行动达成协议；五是最后结果能使双方互利互惠。

合同谈判：合同谈判是指准备订立合同的双方或多方当事人，为了达成合作或交易的目的，在相互了解、平等自愿、互惠互利的基础上对合同条款进行会谈和商讨，共同确定合同权利义务而进行的谈判活动。谈判方围绕合同的主体共同商讨合作细节，明确各方权利义务，针对合同的主要条款内容进行具体商谈。

四、合同内容审计

合同内容是合同条款的具体体现，是当事人在合同中约定的权利义务。一般应包括当事人的姓名或者名称和住所、标的、数量、质量、价款或报酬、履行期限、地点和方式、违约责任、解决争议的方法等内容。

合同内容审计是合同管理审计中重要的一环，主要审查合同内容是否合法、是否恰当。合同内容审计一般为签订完成后审计，有的单位要求在事前、事中审计，此时应在相关负责部门审核完成后再进行审计，同时对各负责部门在合同内容的审核上是否认真履职进行审查。

（一）审计目标

目标1：审查合同主体情况

目标 2：审查合同标的是否合法、恰当

目标 3：审查合同数量是否合法、恰当

目标 4：审查合同质量标准是否合法、恰当

目标 5：审查合同价款或报酬是否合法、恰当

目标 6：审查合同时间或期限是否合法、恰当

目标 7：审查合同履行方式是否合法、恰当

目标 8：审查合同违约责任条款是否合法、恰当

目标 9：审查合同争议解决办法条款是否合法、恰当

（二）审计依据

《中华人民共和国民法典》《行政事业单位内部控制规范（试行）》《保障中小企业款项支付条例》《中华人民共和国招标投标法》《中华人民共和国政府采购法》、合同文本、招投标文件、评标报告、中标通知书等。

（三）审计内容和要点

1. 通过查阅招投标文件、合同文本、营业执照、中标通知书等，审查合同主体情况。

（1）审查合同主体名称是否与中标单位、营业执照名称一致，是否与所加盖的单位公章或合同专用章名称一致。

（2）审查签约主体与实际承担权利义务的合同主体是否一致。

2. 通过查阅合同文本、招投标文件、评标报告等资料，审查合同标的是否合法、恰当。

（1）审查合同标的是否与投标时的产品标的一致，包括但不限于品牌、型号。

（2）审查合同标的物名称是否使用规范的正式名称，尽量避免使用简称。

（3）审查标的物的指代是否明确，包括但不限于是否明确标的物品牌、规格、型号、产地、等级、尺寸、颜色、质地等。如果标的是行为，审查是否详尽地列明服务内容、方式和标准；如果标的是权利，是否明确

该权利的载体、所对应的权利人、权利证书以及权利所处的状态。

3. 通过查阅合同文本、招投标文件、评标报告等资料，审查合同数量是否合法、恰当。

（1）审查是否与投标时的数量一致。

（2）审查合同数量约定，是否根据标的特性确定标的计量单位，以便于双方计算标的数量。

（3）审查是否允许数量误差。

4. 通过查阅合同文本、招投标文件、评标报告等资料，审查合同质量标准是否合法、恰当。

（1）审查合同质量标准是否明确。

（2）审查是否与投标时承诺的质量标准一致。

（3）如果标的是物品类，审查适用的质量标准是否客观、确定，是否有完整的标准名称及标准代号；如果标的是服务类，审查相应的服务标准是否能够涵盖当事人的服务需求；如果标的是权利类，审查权利是否满足合同当事人的需求（此项审计工作为形式审查，不做实质审查）。

（4）审查是否约定质量验收事项。包括但不限于：是否明确约定验收地点、验收时间；是否约定验收方式、质量检验内容；是否约定质量检验费用；是否约定验收不合格的处理方法；是否约定质量异议条款。

5. 通过查阅合同文本、招投标文件、评标报告资料，审查合同价款或报酬是否合法、恰当。

（1）审查合同价款或报酬条款。包括：货款、运费、保险费、保管费、装卸费、税费、报关费等一切可能费用由谁支出是否约定清楚。

（2）审查价格描述是否清晰、准确、完整。

（3）审查合同单价和总价是否对应；大写金额和小写金额是否相同。

（4）审查是否明确结算方式、付款期限、付款条件，付款期限是否符合相关法律法规、政策要求。

6. 通过查阅合同文本、招投标文件、评标报告等资料，审查合同履行时间或期限是否合法、恰当。

（1）审查是否明确约定合同有效期。

（2）审查是否约定交付标的物、履行劳务或完成工作的时间界限。

（3）审查是否明确支付价款或报酬的期限。

7. 通过查阅合同文本、招投标文件、评标报告等资料，审查合同履行方式是否合法、恰当。

（1）审查是否明确约定履行义务的先后顺序，如是否约定付款与交付验收的先后限定条件。

（2）审查是否允许代为履行问题。

8. 通过查阅合同文本、招投标文件、评标报告、中标通知书等资料，审查合同违约责任条款是否合法、恰当。

（1）审查是否针对合同义务的内容、履行时间、履行方式等具体的合同内容设置相应的违约责任条款；

（2）审查违约行为性质和违约程度是否与违约责任大小相对应。

（3）审查违约责任的描述是否明确具体。如果约定的违约责任形式是按合同约定继续履行，则应明确继续履行的时限及方式；如果是采取补救措施，则应明确采取何种补救措施，采取补救措施的时间、方式以及效果等；如果是赔偿损失，则应进一步约定损失的范围以及损失的计算方式；如果是约定违约金，则应明确违约金的数额或计算方式，并应当进一步约定若违约金不足以弥补守约方损失的，违约方应当继续予以赔偿。

（4）审查违约金的约定是否过分高于或低于实际损失。

（5）审查定金的数额是否超过主合同标的额的20%，超过部分不产生定金的效力。

9. 通过查阅合同文件及相关附件，审查合同争议解决办法的约定，合同争议解决办法条款是否合法、恰当。

（1）审查是否明确争议解决的方式。

（2）审查是否明确争议解决的地点。

（四）核心知识点

1. 《中华人民共和国民法典》第四百七十条规定：合同的内容由当事人约定，一般包括下列条款：（一）当事人的姓名或者名称和住所；（二）标的；（三）数量；（四）质量；（五）价款或报酬；（六）履行期限、地点和方式；（七）违约责任；（八）解决争议的方法。

条文注释：

合同要素——当事人的姓名或者名称和住所。不仅要把合同当事人都写入合同中，而且要把各方当事人的名称或者姓名和住所都作准确、清楚的表达。

合同要素——标的。标的是合同当事人的权利义务指向的对象。标的是合同成立的必要条件，是一切合同的必备条款。合同的标的多种多样，具体可包括有形财产、无形财产、劳务、工作成果等。

合同要素——数量。一般而言，合同的数量要准确，应选择使用共同接受的计量单位、计量方法和计量工具。根据不同情况，要求不同的精确度，允许不同的尾差、磅差、超欠幅度、自然损耗率等。

合同要素——质量。合同中应当对质量问题尽可能地规定细致、准确和清楚。国家有强制性标准的，必须按照规定的标准执行。如有其他质量标准的，应尽可能地约定其适用的标准。当事人可以约定质量检验的方法、质量责任的期限和条件、对质量提出异议的条件与期限等。

合同要素——价款或报酬。价款是指对提供财产的当事人支付的货币，如买卖合同的货款等。报酬，是指对提供劳务或者工作成果的当事人支付的货币。依法应当执行政府定价或者政府指导价的，要按照规定执行。

合同要素——履行期限、地点和方式。履行期限，是指合同中规定的当事人履行自己的义务，如交付标的物、价款或者报酬、履行劳务，完成工作的时间界限。履行地点，是指当事人履行合同义务和对方当事人接受履行的地点。履行地点在合同中应当规定明确、具体。履行方式，是指当事人履行合同义务的具体做法。不同的合同类型，决定了合同履行方式的差异。履行方式还包括价款或者报酬的支付方式、结算方式等。

合同要素——违约责任。违约责任是指当事人一方或者双方在不履行合同义务或者履行合同义务不符合约定时应当承担的法律责任。当事人可以在合同中约定违约责任，如约定定金、违约金、损失赔偿金的计算方法等。

合同要素——解决争议的方法。这是指合同争议的解决途径以及法律适用问题等。解决争议的途径主要有：双方通过协商和解；由第三方进行调解；仲裁；诉讼。

2.《行政事业单位内部控制规范（试行）》第五十五条：单位应当加强对合同订立的管理，明确合同订立的范围和条件。对于影响重大、涉及较高专业技术或法律关系复杂的合同，应当组织法律、技术、财会等工作人员参与谈判，必要时可聘请外部专家参与相关工作。谈判过程中的重要事项和参与谈判人员的主要意见，应当予以记录并妥善保管。

3.《保障中小企业款项支付条例》（国务院令第728号）第六条规定：机关、事业单位和大型企业不得要求中小企业接受不合理的付款期限、方式、条件和违约责任等交易条件，不得违约拖欠中小企业的货物、工程、服务款项。

4.《保障中小企业款项支付条例》（国务院令第728号）第八条规定：机关、事业单位从中小企业采购货物、工程、服务，应当自货物、工程、服务交付之日起30日内支付款项；合同另有约定的，付款期限最长不得超过60日。大型企业从中小企业采购货物、工程、服务，应当按照行业规范、交易习惯合理约定付款期限并及时支付款项。合同约定采取履行进度结算、定期结算等结算方式的，付款期限应当自双方审查结算金额之日起算。

5.《中华人民共和国民法典》第五百零六条规定：合同中的下列免责条款无效：（一）造成对方人身伤害的；（二）因故意或者重大过失造成对方财产损失的。

6.《中华人民共和国民法典》第五百零七条规定：合同不生效、无效、被撤销或者终止的，不影响合同中有关解决争议办法的条款的效力。

条文注释：

本条所说的有关解决争议方法的条款包括以下几种形式：

（1）仲裁条款。仲裁条款是仲裁协议的一种表现形式，是当事人在合同中约定的用仲裁方式解决双方争议的条款。如果当事人在合同中订有仲裁条款，则当事人在发生争议时，不能向人民法院提出诉讼。

（2）选择受诉法院的条款。《中华人民共和国民事诉讼法》第三十五条规定，合同或者其他财产权益纠纷的当事人可以书面协议选择被告住所地、合同履行地、合同签订地、原告住所地、标的物所在地等与争议有实际联系的地点的人民法院管辖，但不得违反该法对级别管辖和专属管辖的规定。当事人选择受诉人民法院的条款，不受合同效力的影响。

（3）选择检验、鉴定机构的条款。当事人可以在合同中约定，若对标的物的质量或技术的品种发生争议，在提交仲裁或者诉讼前，应当将标的物送交双方认可的机构或者科研单位检验或鉴定。这种解决争议的方法约定出于双方自愿，不涉及合同的实体权利和义务，应当承认其效力。

（4）法律适用条款。依照《中华人民共和国涉外民事关系法律适用法》第四十一条中的规定，对于具有涉外因素的合同争议，当事人可以协议选择合同适用的法律。当然，外国法律的适用损害我国社会公共利益的，应当适用我国法律。当事人就法律适用条款所达成的协议的效力具有独立性，不受合同效力的影响。

7.《中华人民共和国民法典》第五百八十六条规定：当事人可以约定一方向对方给付定金作为债权的担保。定金合同自实际交付定金时成立。定金的数额由当事人约定；但是，不得超过主合同标的额的百分之二十，超过部分不产生定金的效力。实际交付的定金数额多于或者少于约定数额的，视为变更约定的定金数额。

8.《政府采购需求管理办法》（财库〔2021〕22号）第六条规定：本办法所称采购需求，是指采购人为实现项目目标，拟采购的标的及其需要满足的技术、商务要求。

技术要求是指对采购标的的功能和质量要求，包括性能、材料、结构、外观、安全，或者服务内容和标准等。

商务要求是指取得采购标的的时间、地点、财务和服务要求，包括交付（实施）的时间（期限）和地点（范围），付款条件（进度和方式），包装和运输，售后服务，保险等。

9.《政府采购需求管理办法》（财库〔2021〕22号）第二十三条规定：合同文本应当包含法定必备条款和采购需求的所有内容，包括但不限于标的名称、采购标的质量、数量（规模），履行时间（期限）、地点和方式，包装方式，价款或者报酬、付款进度安排、资金支付方式、验收、交付标准和方法，质量保修范围和保修期，违约责任与解决争议的方法等。

10.《建设工程价款结算暂行办法》（财建〔2004〕369号）第十二条规定：工程预付款结算应符合下列规定：（一）包工包料工程的预付款按合同约定拨付，原则上预付比例不低于合同金额的10%，不高于合同金额的30%，对重大工程项目，按年度工程计划逐年预付。计价执行《建设工程工程量清单计价规范》（GB50500-2003）的工程，实体性消耗和非实体性消耗部分应在合同中分别约定预付款比例。（二）在具备施工条件的前提下，发包人应在双方签订合同后的一个月内或不迟于约定的开工日期前的7天内预付工程款，发包人不按约定预付，承包人应在预付时间到期后10天内向发包人发出要求预付的通知，发包人收到通知后仍不按要求预付，承包人可在发出通知14天后停止施工，发包人应从约定应付之日起向承包人支付应付款的利息（利率按同期银行贷款利率计），并承担违约责任。（三）预付的工程款必须在合同中约定抵扣方式，并在工程进度款中进行抵扣。（四）凡是没有签订合同或不具备施工条件的工程，发包人不得预付工程款，不得以预付款为名转移资金。

11.《建设工程质量保证金管理办法》第七条规定：发包人应按照合同约定方式预留保证金，保证金总预留比例不得高于工程价款结算总额的3%。合同约定由承包人以银行保函替代预留保证金的，保函金额不得高于工程价款结算总额的3%。

12.《关于完善建设工程价款结算有关办法的通知》第一条规定：提高建设工程进度款支付比例。政府机关、事业单位、国有企业建设工程进度款支付应不低于已完成工程价款的80%；同时，在确保不超出工程总概（预）算以及工程决（结）算工作顺利开展的前提下，除按合同约定保留不超过工程价款总额 3% 的质量保证金外，进度款支付比例可由发承包双方根据项目实际情况自行确定。在结算过程中，若发生进度款支付超出实际已完成工程价款的情况，承包单位应按规定在结算后 30 日内向发包单位返还多收到的工程进度款。

13.《中华人民共和国产品质量法》第五条规定：禁止伪造或者冒用认证标志等质量标志；禁止伪造产品的产地，伪造或者冒用他人的厂名、厂址；禁止在生产、销售的产品中掺杂、掺假，以假充真，以次充好。

14.《中华人民共和国产品质量法》第十四条规定：国家根据国际通用的质量管理标准，推行企业质量体系认证制度。企业根据自愿原则可以向国务院市场监督管理部门认可的或者国务院市场监督管理部门授权的部门认可的认证机构申请企业质量体系认证。经认证合格的，由认证机构颁发企业质量体系认证证书。

国家参照国际先进的产品标准和技术要求，推行产品质量认证制度。企业根据自愿原则可以向国务院市场监督管理部门认可的或者国务院市场监督管理部门授权的部门认可的认证机构申请产品质量认证。经认证合格的，由认证机构颁发产品质量认证证书，准许企业在产品或者其包装上使用产品质量认证标志。

15.《建设工程质量管理条例》第三条规定：建设单位、勘察单位、设计单位、施工单位、工程监理单位依法对建设工程质量负责。

16.《建设工程质量管理条例》第十条规定：建设工程发包单位，不得迫使承包方以低于成本的价格竞标，不得任意压缩合理工期。建设单位不得明示或者暗示设计单位或者施工单位违反工程建设强制性标准，降低建设工程质量。

17.《建设工程质量管理条例》第二十二条规定：设计单位在设计文件中选用的建筑材料、建筑构配件和设备，应当注明规格、型号、性能等技术指标，其质量要求必须符合国家规定的标准。

18.《建设工程质量管理条例》第二十八条规定：施工单位必须按照工程设计图纸和施工技术标准施工，不得擅自修改工程设计，不得偷工减料。施工单位在施工过程中发现设计文件和图纸有差错的，应当及时提出意见和建议。

19.《建设工程质量管理条例》第二十九条规定：施工单位必须按照工程设计要求、施工技术标准和合同约定，对建筑材料、建筑构配件、设备和商品混凝土进行检验，检验应当有书面记录和专人签字；未经检验或者检验不合格的，不得使用。

20.《建设工程质量管理条例》第三十条规定：施工单位必须建立、健全施工质量的检验制度，严格工序管理，作好隐蔽工程的质量检查和记录。隐蔽工程在隐蔽前，施工单位应当通知建设单位和建设工程质量监督机构。

21.《建设工程质量管理条例》第三十一条规定：施工人员对涉及结构安全的试块、试件以及有关材料，应当在建设单位或者工程监理单位监督下现场取样，并送具有相应资质等级的质量检测单位进行检测。

22.《建设工程质量管理条例》第三十六条规定：工程监理单位应当依照法律、法规以及有关技术标准、设计文件和建设工程承包合同，代表建设单位对施工质量实施监理，并对施工质量承担监理责任。

23.《中华人民共和国招标投标法》第二十二条规定：招标人不得向他人透露已获取招标文件的潜在投标人的名称、数量以及可能影响公平竞争的有关招标投标的其他情况。

24.《中华人民共和国招标投标法》第四十六条规定：招标人和中标人应当自中标通知书发出之日起三十日内，按照招标文件和中标人的投标文件订立书面合同。招标人和中标人不得再行订立背离合同实质性内容的其他协议。招标文件要求中标人提交履约保证金的，中标人应当提交。

25.《中华人民共和国招标投标法》第四十八条规定：中标人应当按照合同约定履行义务，完成中标项目。中标人不得向他人转让中标项目，也不得将中标项目肢解后分别向他人转让。

五、合同审批审计

合同审批是指合同会审会签过程中，各职能部门及人员按照制度文件规定，对合同文本及相关附件等履行审批职能和职责。合同审批审计主要是对单位合同审批制度及流程是否合理以及是否得到执行进行审查。

（一）审计目标

目标 1：审查是否建立合理、合规的合同审批制度及流程

目标 2：审查合同审批流程是否得到有效执行

（二）审计依据

《行政事业单位内部控制规范（试行）》《中华人民共和国民法典》《公立医院内部控制管理办法》、单位"三重一大"议事规则、合同管理办法、合同审批流程、单位内部控制管理办法、授权委托书等单位内部管理制度及流程。

（三）审计内容和要点

1. 通过查阅单位内部管理制度等，审查是否建立合理、合规的合同审批制度及流程。

（1）审查是否履行单位重大经济事项集体决策程序。

（2）审查是否建立合同会签审批制度及流程，是否明确参与会签的各部门职责权限。

（3）审查是否明确各岗位办理业务和事项的权限范围和相关责任。

（4）审查制度及流程的制定是否合理。

（5）审查审批建议是否经过修改后重新执行会签流程。

（6）审查合同业务的不相容岗位是否相互分离，合同的拟订与审核、审核与审批、审批与订立、执行与监督是否相互分离，如不能分离是否有相关的检查机制。

2. 通过查阅合同审批会签流程记录等过程资料，审查合同审批流程是否得到有效执行。

（1）审查相关工作人员是否在授权范围内办理业务。

（2）审查审批人是否按照审批权限履行审签会签职责，是否发生未经授权或者越权审批的情形。

（3）审查是否存在合同签订日期早于合同审批日期或者合同审批晚于合同执行、合同验收日期等情况。

（四）核心知识点

1. 《行政事业单位内部控制规范（试行）》第五条规定：单位建立与实施内部控制，应当遵循下列原则：（一）全面性原则。内部控制应当贯穿单位经济活动的决策、执行和监督全过程，实现对经济活动的全面控制。（二）重要性原则。在全面控制的基础上，内部控制应当关注单位重要经济活动和经济活动的重大风险。（三）制衡性原则。内部控制应当在单位内部的部门管理、职责分工、业务流程等方面形成相互制约和相互监督。（四）适应性原则。内部控制应当符合国家有关规定和单位的实际情况，并随着外部环境的变化、单位经济活动的调整和管理要求的提高，不断修订和完善。

2. 《行政事业单位内部控制规范（试行）》第十二条第二款规定：内部授权审批控制。明确各岗位办理业务和事项的权限范围、审批程序和相关责任，建立重大事项集体决策和会签制度。相关工作人员应当在授权范围内行使职权、办理业务。

3. 《关于加强公立医院党的建设工作的意见》规定：健全医院党委与行政领导班子议事决策制度。党委会议由党委书记召集并主持，研究和决定医院重大问题，不是党委委员的院长、副院长可列席党委会议。院长办公会议是医院行政、业务议事决策机构，由院长召集并主持。重要行政、业务工作应当先由院长办公会议讨论通过，再由党委会议研究决定。健全医院党委会议、院长办公会议等议事决策规则，明确各自决策事项和范围，不得以党政联席会议代替党委会议。坚持科学决策、民主决策、依法决策，坚决防止个人或少数人说了算。重大问题在提交会议前，党委书记和院长要充分沟通、取得共识。加强党务、院务公开，强化民主管理和民主监督。

4. 《公立医院内部控制管理办法》第二十六条规定：合同管理情况，包括是否实现合同归口管理；是否建立并执行合同签订的审核机制；是否明确应当签订合同的经济活动范围和条件；是否有效监控合同履行情况，是否建立合同纠纷协调机制等。

5. 《公立医院内部控制管理办法》第三十三条规定：合理设置合同管

理岗位，明确岗位职责权限以及合同授权审批和签署权限，确保合同签订与合同审批、合同签订与付款审批、合同执行与付款审批、合同签订与合同用章保管等不相容岗位相互分离。

6.《中华人民共和国民法典》第五百零三条规定：无权代理人以被代理人的名义订立合同，被代理人已经开始履行合同义务或者接受相对人履行的，视为对合同的追认。

7.《中华人民共和国民法典》第五百零四条规定：法人的法定代表人或者非法人组织的负责人超越权限订立的合同，除相对人知道或者应当知道其超越权限外，该代表行为有效，订立的合同对法人或者非法人组织发生效力。

8.《中华人民共和国民法典》第五百零五条规定：当事人超越经营范围订立的合同的效力，应当依照本法第一编第六章第三节和本编的有关规定确定，不得仅以超越经营范围确认合同无效。

六、合同签署审计

合同签署是依法进行签署合同，一般订立合同是双方当事人的真实意思表示，且不存在强迫、欺骗等手段以及双方必须是完全民事行为能力人。合同签署是合同产生法律效力前的最后一个环节，合同签署后即产生法律效力。合同签署审计主要是对当事人在合同文本签字、盖章以及合同签订的时间、地点等情况进行审查。

（一）审计目标

目标1：审查合同签字的有效性
目标2：审查合同盖章的有效性
目标3：审查是否明确合同签订时间、地点

（二）审计依据

《中华人民共和国民法典》《中华人民共和国政府采购法》《行政事业单位内部控制规范（试行）》及解读、《公立医院内部控制管理办法》、单位"三重一大"议事规则、合同管理办法、合同审批流程、单位内部控制管理办法、授权委托书、印章使用管理制度等单位内部管理制度、流程。

（三）审计内容和要点

1. 通过调阅合同文本及相关附件、授权委托书、印章使用管理制度等，审查合同签字的有效性。

（1）审查合同的签字或者签章是否是法定代表人或其授权代表。

（2）审查签署权限是否符合相关规定。

（3）审查是否存在未经授权擅自以单位名义对外签订合同。

（4）审查法定代表人签字的合同，是否与营业执照上的姓名一致。

（5）审查授权代表签字的合同，是否持有有效的授权委托文件，是否超越了授权的范围、授权期限签署合同。

（6）审查是否保存对方的授权委托书。

2. 通过调阅合同文本及相关附件、授权委托书、印章使用管理制度等，审查合同盖章的有效性。

（1）审查是否按照合同用印流程加盖印章。

（2）审查合同盖章是否是合法有效的单位公章或者合同专用章。

（3）审查是否以单位内部管理部门的部门章对外签订合同。

（4）审查签订多页合同时，是否加盖骑缝章。

（5）审查合同附件是否也同时加盖单位公章或合同专用章。

（6）审查是否按照国家相关法律法规规定执行公示、批准、登记等流程。

（7）审查合同签字盖章前，确保是否是各方审查、修改、定稿后的最终版本。

3. 通过调阅合同文本及相关附件，审查是否明确合同签订时间、地点。

（1）审查是否有具体的合同签订日期。

（2）审查是否明确合同签署地点。

(四)核心知识点

1. 《中华人民共和国民法典》第四百九十条规定：当事人采用合同书形式订立合同的，自当事人均签名、盖章或者按指印时合同成立。在签名、盖章或者按指印之前，当事人一方已经履行主要义务，对方接受时，该合同成立。

法律、行政法规规定或者当事人约定合同应当采用书面形式订立，当事人未采用书面形式但是一方已经履行主要义务，对方接受时，该合同成立。

2. 《中华人民共和国政府采购法》第四十六条规定：采购人与中标、成交供应商应当在中标、成交通知书发出之日起三十日内，按照采购文件确定的事项签订政府采购合同。

3. 《中华人民共和国民法典》第四百九十二条规定：承诺生效的地点为合同成立的地点。采用数据电文形式订立合同的，收件人的主营业地为合同成立的地点；没有主营业地的，其住所地为合同成立的地点。当事人另有约定的，按照其约定。

4. 《中华人民共和国民法典》第五百零二条规定：依法成立的合同，自成立时生效，但是法律另有规定或者当事人另有约定的除外。

依照法律、行政法规的规定，合同应当办理批准等手续的，依照其规定。未办理批准等手续影响合同生效的，不影响合同中履行报批等义务条款以及相关条款的效力。应当办理申请批准等手续的当事人未履行义务的，对方可以请求其承担违反该义务的责任。

依照法律、行政法规的规定，合同的变更、转让、解除等情形应当办理批准等手续的，适用前款规定。

5. 《中华人民共和国民法典》第一百六十五条规定：委托代理授权采用书面形式的，授权委托书应当载明代理人的姓名或名称、代理事项、权限和期限，并由被代理人签名或者盖章。

条文注释：

委托代理，是指按照被代理人的委托来行使代理权的代理。此时，代理人行使的代理权称为委托代理权，是基于被代理人的意思而产生的。被代理人授权代理人委托代理权的行为，称为授权行为。

根据《中华人民共和国民法典》第一百三十五条的规定，在法律、行政法规没有特别规定或者当事人没有约定的情况下，委托代理授权可以采取书面形式、口头形式或者其他形式中的任何一种。其中，书面形式是最主要的一种授权形式，称为授权委托书。

6.《中华人民共和国民法典》第九百二十条规定：委托人可以特别委托受托人处理一项或者数项事务，也可以概括委托受托人处理一切事务。

条文注释：

受托人在处理委托事务时，应以受托人指示的受托事务范围为准。以受托人处理受托事务的范围为标准把委托分为两大类，即特别委托和概括委托。

特别委托是指双方当事人约定受托人为委托人处理一项或者数项事务的委托。特别委托一般有以下几种情况：

（1）不动产出售、出租或者就不动产设定抵押权。

（2）赠与。由于赠与属于无偿行为，所以需要有委托人的特别授权。

（3）和解。在发生纠纷后，有关人员在处理问题时需要双方当事人彼此作出一定的妥协与让步，以终止争执或者防止争执的扩大。

（4）诉讼。

（5）仲裁。

概括委托是指双方当事人约定受托人为委托人处理某个方面或者范围内的一切事务的合同。例如，委托人委托受托人处理其买卖业务或者租赁业务的所有事宜。

7.《国务院关于国家行政机关和企业事业单位社会团体印章管理的规定》（国发〔1999〕25号）第二十五规定：国家行政机关和企业事业单

位、社会团体必须建立健全印章管理制度，加强用印管理，严格审批手续。未经本单位领导批准，不得擅自使用单位印章。

第三节

合同履行阶段审计

合同履行阶段，是指合同各方在合同框架下，履行合同规定义务的过程。合同生效后，当事人应当按照合同约定的质量、价款或者报酬、履行方式、履行期限、履行地点等内容履行合同。涉及合同履行的部门要进行相关工作，库房管理部门进行验收入库的管理工作，按照标的物的质量、数量、物料清单等组织入库；财务部门按照付款条款进行结算；在执行过程中，涉及合同变更、补充、纠纷处理等方面的执行问题，合同订立部门要及时汇报与跟踪。

合同履行情况的审计，是对单位合同履行阶段的管理情况进行审查，通过审计审查单位对合同履行情况是否实施有效监控，履行合同时是否遵循诚实信用原则，对无法按时履行的合同，是否及时采取应对措施，最终达到在合同履行阶段有效执行合同，维护单位利益的目的。

一、履行监控审计

合同履行监控是对业务执行部门根据合同约定履行合同的过程进行监督，以获取业务部门履行合同相关信息，及时识别和合理控制合同履行过程中的风险。履行监控审计主要是对履行内容是否与合同约定一致、履行内容双方是否无争议进行审查。

（一）审计目标

目标1：审查是否按照合同约定履行合同

目标 2：审查合同履行是否符合规定

目标 3：审查合同约定不明时的履行

（二）审计依据

《中华人民共和国民法典》《行政事业单位内部控制规范（试行）》、物品验收入库管理办法、项目验收管理制度。

（三）审计内容和要点

1. 通过调阅合同中涉及的提交成果资料、技术资料、提供服务或货物的相关验收、培训、满意度等工作记录资料，审查是否按照合同约定履行合同。

（1）审查是否在合同约定的期限内及时检验标的物。

（2）审查是否按验收规范、标准做好验收工作，验收程序是否符合规定。

（3）审查交付标的物的数量、质量是否符合合同约定。

（4）审查验收记录签字是否完整。

（5）审查是否明确相关责任人，落实合同履行的责任。

（6）审查是否以合同约定的履行地点为合同履行地。

（7）审查是否按照合同约定的支付方式履行支付义务等。

（8）审查是否通过有效检查、分析和验收，确保合同全面有效履行。

2. 通过调阅单位监督审查制度、合同台账及执行核对情况等合同履行相关资料，审查是否对合同履行实施有效监控。

（1）审查是否建立合同履行监督审查制度并按照制度实施监督。

（2）审查是否建立合同管理信息系统或合同台账。

（3）审查是否对合同履行情况实施有效监控。

（4）审查对无法按时履行的合同，是否采取应对措施，将合同损失降到最低。

3. 通过调阅合同文本、合同履行过程资料等，审查合同约定不明时的履行情况。

（1）审查合同条款是否具有可履行性。

（2）审查对于应当约定的条款而未作约定或者约定不明确的情形而给履行造成困难时，是否通过双方协商一致或按照国家相关法律法规、合同有关条款或者交易习惯对原有合同进行补充及确定。

（四）核心知识点

1. 物权：权利人依法对特定的物享有直接支配和排他的权利，包括所有权、用益物权和担保物权。

2. 合同履行：是指合同规定义务的执行。

3. 法律约束力：是指当事人应当按照合同的约定履行自己的义务，非依法律规定或者取得对方同意，不得擅自变更或者解除合同。如果不履行合同义务或者履行合同义务不符合约定，应当承担违约责任。

4. 《行政事业单位内部控制规范（试行）》第五十六条规定：单位应当对合同履行情况实施有效监控。合同履行过程中，因对方或单位自身原因导致可能无法按时履行的，应当及时采取应对措施。

单位应当建立合同履行监督审查制度。对合同履行中签订补充合同，或变更、解除合同等情况应当按照国家有关规定进行审查。

5. 《中华人民共和国标准化法》第二条规定：本法所称标准（含标准样品），是指农业、工业、服务业以及社会事业等领域需要统一的技术要求。标准包括国家标准、行业标准、地方标准和团体标准、企业标准。国家标准分为强制性标准、推荐性标准，行业标准、地方标准是推荐性标准。强制性标准必须执行。国家鼓励采用推荐性标准。

6. 《中华人民共和国民法典》第五百一十条规定：合同生效后，当事人就质量、价款或者报酬、履行地点等内容没有约定或者约定不明确的，可以协议补充；不能达成补充协议的，按照合同相关条款或者交易习惯确定。

7. 《中华人民共和国民法典》第五百一十一条规定：当事人就有关合同内容约定不明确，依据前条规定仍不能确定的，适用下列规定：（一）质量要求不明确的，按照强制性国家标准履行；没有强制性国家标准的，按照推荐性国家标准履行；没有推荐性国家标准的，按照行业标准履行；没有国家标准、行业标准的，按照通常标准或者符合合同目的的特定标准履行。(二)价款或者报酬不明确的,按照订立合同时履行地的市场价格履行;依法应当执行政府定价或者政府指导价的,依照规定履行。(三)履行地点不明确,给付货币的,在接受货币一方所在地履行;交付不动产的,在不动产所在地履行;其他标的,在履行义务一方所在地履行。(四)履行期限不明确的,债务人可以随时履行,债权人也可以随时请求履行,但是应当给对方必要的准备时间。(五)履行方式不明确的,按照有利于实现合同目的的方式履行。(六)履行费用的负担不明确的,由履行义务一方负担;因债权人原因增加的履行费用,由债权人负担。

8.《中华人民共和国招标投标法》第六十条规定:中标人不履行与招标人订立的合同的,履约保证金不予退还,给招标人造成的损失超过履约保证金数额的,还应当对超过部分予以赔偿;没有提交履约保证金的,应当对招标人的损失承担赔偿责任。

二、合同变更、解除、终止审计

合同在履行过程中可能会因为原合同未予约定或约定不明确而对合同内容加以补充或修改,或者因为出现主客观因素变化或实际情况变化而需要对原合同进行变更、解除、终止等情形。合同变更、解除、终止审计主要是对合同发生变更、解除、终止等情形时,是否按照规定程序办理、是否及时、恰当处理后续事宜进行审计。

(一)审计目标

目标1:审查合同变更的恰当性
目标2:审查合同解除的恰当性
目标3:审查合同终止的恰当性

(二)审计依据

《中华人民共和国民法典》《行政事业单位内部控制规范(试行)》、补充协议、会议纪要。

（三）审计内容和要点

1. 通过查阅原合同、合同履行过程中的材料、合同变更审批程序、变更后合同等，审查变更合同的恰当性。

（1）审查合同变更理由是否充分、是否合理合法。

（2）审查是否及时留存证据最大限度证明事实。

（3）审查是否按照规定程序及时办理变更程序。

（4）审查变更合同中是否体现其所依附的原合同，变更合同中的主体信息与原合同的主体信息是否一致。

（5）审查是否注明是对原合同哪个条款的变更。

（6）审查是否注明变更内容与原合同的效力级别问题，包括变更内容与原合同内容发生冲突的处理办法、变更前已经履行的部分如何结算、变更后的内容何时生效、因变更引起的费用和损失由谁承担等。

2. 通过查阅合同文件、合同履行过程中的材料、合同解除审批程序等，审查合同解除的恰当性。

（1）审查违约行为是否导致合同目的不能实现，是否构成根本性违约，是否有必要解除合同。

（2）审查是否在法律规定或者当事人约定解除权行使期限内行使解除权。

（3）审查是否按照规定程序及时办理合同解除程序。

（4）审查行使合同解除权时是否通知对方。

（5）审查是否就后续事项约定明确。

（6）审查因合同解除造成的损失是否向对方提出索赔或其他补救措施。

（7）审查是否就可能出现的诉讼纠纷取得和保留相关证据等。

3. 通过查阅合同文件、合同履行过程中的材料、合同终止审批程序等，审查合同终止的恰当性。

（1）审查是否具备合同终止的条件。

（2）审查是否按规定履行合同终止程序。

(四) 核心知识点

1. 合同变更包括合同主体变更和合同内容变更。合同主体变更，是指以新的主体取代原合同关系的主体，但合同的内容并没有发生任何变化。合同主体变更属于合同权利义务的转移，也称之为合同转让。合同内容变更，是指在合同履行过程中，当事人就合同的内容达成修改或补充，变更了合同的权利义务，但合同的当事人不变更。广义的合同变更包括合同内容的变更和合同主体的变更。《中华人民共和国民法典》的合同变更，是指合同内容的变更，即通常所谓狭义的合同变更。

2. 合同终止又被称为告知，是指继续性合同的当事人一方所作的合同效力向将来消灭的意思表示。

3. 《行政事业单位内部控制规范（试行）》第五十六条规定：单位应当建立合同履行监督审查制度，对合同履行中签订补充合同或变更、解除合同等应当按照国家有关规定进行审查。

4. 《中华人民共和国民法典》第五百六十二条规定：当事人协商一致，可以解除合同。当事人可以约定一方解除合同的事由。解除合同的事由发生时，解除权人可以解除合同。

5. 《中华人民共和国民法典》第五百六十三条规定：有下列情形之一的，当事人可以解除合同：（一）因不可抗力致使不能实现合同目的；（二）在履行期限届满前，当事人一方明确表示或者以自己的行为表明不履行主要债务；（三）当事人一方延迟履行主要债务，经催告后在合理期限内仍未履行；（四）当事人一方延迟履行债务或者其他违约行为致使不能实现合同目的；（五）法律规定的其他情形。以持续履行的债务为内容的不定期合同，当事人可以随时解除合同，但是应当在合理期限之前通知对方。

三、合同结算审计

合同结算是合同履行完毕后对合同款项部分进行支付的环节。合同结算审计主要是对办理结算的程序和结算价款相关内容进行审计。

（一）审计目标

目标1：审查合同结算程序是否规范

目标2：审查是否按照合同履行情况办理价款结算

（二）审计依据

《行政事业单位内部控制规范（试行）》、单位支出管理办法和流程。

（三）审计内容和要点

1. 通过调阅单位支出管理办法、相关制度、流程图等资料，审查合同结算程序是否规范。

（1）审查是否建立与合同结算相关制度。

（2）审查是否明确结算审批流程，结算审批流程是否规范。

2. 通过调阅合同文件、会计凭证、账簿等资料，审查是否按照合同履行情况办理价款结算。

（1）审查办理合同结算的依据是否齐全。

（2）审查会计核算账目是否准确。

（3）审查结算费用的计算方法是否正确。

（4）审查资金管理是否存在不合理支出。

（5）审查是否明确合同结算的支付方式。

（四）核心知识点

1. 《行政事业单位内部控制规范（试行）》第五十四条规定：单位应当对合同实施归口管理，建立财会部门与合同归口管理部门的沟通协调机制，实现合同管理与预算管理、收支管理相结合。

2. 《行政事业单位内部控制规范（试行）》第五十七条规定：财会部门应当根据合同履行情况办理价款结算和进行账务处理。未按照合同条款履约的，财会部门应当在付款之前向单位有关负责人报告。

3. 《国务院办公厅关于建立现代医院管理制度的指导意见》（国办发〔2017〕67号）规定：健全财务资产管理制度。财务收支、预算决算、会计核算、成本管理、价格管理、资产管理等必须纳入医院财务部门统一管理。建立健全全面预算管理、成本管理、财务报告、第三方审计和信息公开机制，确保经济活动合法合规，提高资金资产使用效益。公立医院作为预算单位，所有收支纳入部门预算统一管理，要强化成本核算与控制，逐步实行医院全成本核算。

4.《中华人民共和国会计法》第十条规定：下列经济业务事项，应当办理会计手续，进行会计核算：（一）款项和有价证券的收付；（二）财物的收发、增减和使用；（三）债权债务的发生和结算；（四）资本、基金的增减；（五）收入、支出、费用、成本的计算；（六）财务成果的计算和处理；（七）需要办理会计手续、进行会计核算的其他事项。

5.《中华人民共和国会计法》第二十九条规定：会计机构、会计人员发现会计账簿记录与实物、款项及有关资料不相符的，按照国家统一的会计制度的规定有权自行处理的，应当及时处理；无权处理的，应当立即向单位负责人报告，请求查明原因，作出处理。

四、合同纠纷审计

合同纠纷，是指因合同的生效、解释、履行、变更、解除等行为而引起的合同当事人的所有争议。合同纠纷审计主要是对是否及时处理纠纷、及时落实纠纷处理措施以及是否遵循相关程序进行审计。

（一）审计目标

目标1：审查合同纠纷处理程序是否合规

目标2：审查是否超出诉讼时效

目标3：审查合同相对方是否有关联方，是否承担连带责任

目标4：审查合同纠纷处理的相关证据是否完整保存

目标5：审查合同纠纷处理的落实

（二）审计依据

《中华人民共和国民法典》、单位制定的诉讼案件处理制度、法律纠纷

制度等。

(三) 审计内容和要点

1. 通过查阅合同纠纷导致的未按原合同履行的相关资料，如纠纷原因、审批流程等，审查合同纠纷处理程序是否合规。

（1）审查单位是否在规定时效内与对方协商谈判。

（2）审查协商一致的，是否按照规定程序及时签订书面协议。

（3）审查合同纠纷无法协商解决的，经办人员是否向单位有关负责人报告，并根据合同约定选择仲裁或诉讼方式解决。

（4）审查是否明确合同纠纷处理办法及相关审批权限。

（5）审查是否未经授权审批，擅自作出实质性答复或承诺。

2. 通过查阅相关法律法规，审查是否超出诉讼时效。

（1）审查是否在法律规定的时效内处理纠纷。

（2）审查是否利用诉讼时效中断，为单位进一步采取纠纷解决措施争取时间。

3. 通过查阅合同文本，审查合同相对方是否有关联方，是否承担连带责任。

（1）审查发生纠纷后，合同相对方是否具备履行合同约定义务的能力，如不具备履约能力，是否利用合同相对方的关联方（如担保人等）维护单位的正当权益。

（2）审查合同相对方是否享有对第三人的债权或者存在转移财产等损害债权的行为，是否及时行使代位权和撤销权等，避免或减少损失的发生。

4. 通过查阅合同纠纷处理的相关证据，审查资料是否完整保存。

相关证据为除合同文本以外的与合同相关的附件、图表、传真等资料，送货、提货、托运、验收、发票、银行转账等有关凭证，产品的质量标准、封样、样品或鉴定报告，相关方违约的证据材料等与纠纷有关的材料。

5. 通过查阅合同纠纷处理文件：合同纠纷的和解书、裁决书、判决书等，审查合同纠纷处理的落实情况。

（1）审查是否有专人负责执行与跟踪。

（2）审查处理完成或执行完毕的合同纠纷，是否及时通知有关单位，并将有关资料汇总、归档，以备核查。

（四）核心知识点

1. 合同纠纷：是指因合同的生效、解释、履行、变更、解除等行为而引起的合同当事人的所有争议。

2. 《行政事业单位内部控制规范（试行）》第五十九条规定：单位应当加强对合同纠纷的管理。合同发生纠纷的，单位应当在规定时效内与对方协商谈判。合同纠纷协商一致的，双方应当签订书面协议；合同纠纷经协商无法解决的，经办人员应当向单位有关负责人报告，并根据合同约定选择仲裁或诉讼方式解决。

3. 解决争议的途径主要有：双方通过协商和解；由第三人进行调解；仲裁；诉讼。

和解是当事人之间在没有第三方参加的情况下自愿协商，达成协议。和解属于当事人处分自己民事实体权利的一种民事法律行为。和解可以发生在诉讼以前，双方当事人互相协商，达成协议，也可以发生在诉讼过程中。

调解是通过第三方调停解决纠纷。通过调解达成的协议还可以依法申请司法审查。

仲裁是当事人协议选择仲裁机构，由仲裁庭裁决解决争端。

诉讼包括民事、行政、刑事三大诉讼，物权保护的诉讼主要是指提起民事诉讼。

4. 《最高人民法院关于审理买卖合同纠纷案件适用法律问题的解释》第十八条第四款规定：买卖合同没有约定逾期付款违约金或者该违约金的计算方法，出卖人以买受人违约为由主张赔偿逾期付款损失，违约行为发生在 2019 年 8 月 19 日之前的，人民法院可以中国人民银行同期同类人民币贷款基准利率为基础，参照逾期罚息利率标准计算；违约行为发生在 2019 年 8 月 20 日之后的，人民法院可以违约行为发生时中国人民银行授权全国银行间同业拆借中心公布的一年期贷款市场报价利率（LPR）标准为基础，加计30%—50%计算逾期付款损失。

5.《中华人民共和国民法典》第五百八十七条规定：债务人履行债务的，定金应当抵作价款或者收回。给付定金的一方不履行债务或者履行债务不符合约定，致使不能实现合同目的的，无权请求返还定金；收受定金的一方不履行债务或者履行债务不符合约定，致使不能实现合同目的的，应当双倍返还定金。定金罚则的适用以根本违约为要件。适用定金罚则的前提条件是，当事人一方不履行债务或者履行债务不符合约定，并且该违约行为比较轻微，未达到不能实现合同目的的程度时，不能适用或者不能全部适用定金罚则。当事人一方不完全履行合同的，在能够区分比例的情况下，应当按照未履行部分所占合同约定内容的比例，适用定金罚则。同时，违约方必须要因违约行为承担违约责任的，才能适用定金罚则。如果违约方因不可抗力而免责，则不能适用定金罚则。未构成根本性违约时，定金罚则不能适用，但并不意味着违约方无需承担责任，其违约造成对方损失的，仍应予以赔偿。此时，守约方不能要求适用定金罚则，但可以在请求合同继续履行的同时，就其所受到的损失要求违约方予以赔偿。

6.《最高人民法院关于适用〈中华人民共和国仲裁法〉若干问题的解释》第七条规定：当事人约定争议可以向仲裁机构申请仲裁，也可以向人民法院起诉的，仲裁协议无效。但一方向仲裁机构申请仲裁，另一方未在仲裁法第二十条第二款规定期间内提出异议的除外。

7.《中华人民共和国民法典》第一百八十八条规定：向人民法院请求保护民事权利的诉讼时效期间为三年。法律另有规定的，依照其规定。

诉讼时效期间自权利人知道或者应当知道权利受到损害以及义务人之日起计算。法律另有规定的，依照其规定。但是，自权利受到损害之日起超过二十年的，人民法院不予保护，有特殊情况的，人民法院可以根据权利人的申请决定延长。

8.《中华人民共和国民法典》第一百九十四条规定：在诉讼时效期间的最后六个月内，因下列障碍，不能行使请求权的，诉讼时效中止：

（一）不可抗力；

（二）无民事行为能力人或者限制民事行为能力人没有法定代理人，或者法定代理人死亡、丧失民事行为能力、丧失代理权；

（三）继承开始后未确定继承人或者遗产管理人；

（四）权利人被义务人或者其他人控制；

（五）其他导致权利人不能行使请求权的障碍。

自中止时效的原因消除之日起满六个月，诉讼时效期间届满。

9.《中华人民共和国民法典》第一百九十五条规定：有下列情形之一的，诉讼时效中断，从中断、有关程序终结时起，诉讼时效期间重新计算：

（一）权利人向义务人提出履行请求；

（二）义务人同意履行义务；

（三）权利人提出诉讼或者申请仲裁；

（四）与提起诉讼或者申请仲裁具有同等效力的其他情形。

第四节 合同后评价管理审计

合同后评价管理是合同履行完毕后，对合同目的、合同履行过程、产生的效益和影响进行的分析，确定合同目标是否达到，主要效益指标是否实现，总结经验教训进而完善合同管理。合同后评价管理审计主要是对合同主体和合同绩效分析情况进行审查。完结后的评价管理是合同管理的一个重要阶段，是一个长期被忽视的合同管理内容，通过合同后评价管理审计，提高合同后评价管理意识，为未来新项目的投资决策提供参考，提高投资收益的效益。

（一）审计目标

目标1：评价合同主体情况

目标2：评价合同绩效情况

（二）审计依据

《中华人民共和国民法典》《中华人民共和国预算法》《中华人民共和国预算法实施条例》。

（三）审计内容和要点

1. 通过查阅合同签订主体动态管理相关资料，包括但不限于合同资信体系、合作单位信用白名单和黑名单、履约情况动态汇总等，评价合同主体情况。

（1）审查是否对合同签订主体进行实时更新。

（2）审查是否建立合同资信体系。

（3）审查是否对履约能力进行评价并实行动态管理。

（4）审查是否建立信用单位白名单和黑名单，降低后期合同签订风险。

2. 通过查阅合同立项资料、合同过程资料以及绩效评价、绩效分析等相关资料，对合同经济性、效率性和效果性进行审查和评价。

（1）审查和评价合同经济性，包括对项目立项、招标、合同签订、合同执行等各环节的资金安排及使用进行审查和评价，在后评价中还需考虑项目资金是否节约。

（2）审查和评价合同效率性，包括对项目立项、招投标、合同签订、合同执行等各环节的制度、措施、资金利用等进行审查和评价，在后评价中还需要考虑合同的完成是否有利于提高运营效率。

（3）审查和评价合同效果性，包括是否按照合同条款约定行使双方的权利，承担应尽的义务；是否对合同的履行情况进行总体评估和总结；合同是否达到了预定目标以及其他预期效果；是否实现了预期效益。

（四）核心知识点

1. 《中华人民共和国预算法》第三十二条规定：各级预算应当根据年度经济社会发展目标、国家宏观调控总体要求和跨年度预算平衡的需要，参考上一年预算执行情况、有关支出绩效评价结果和本年度收支预测，按照规定程序征求各方面意见后，进行编制。

2. 《中华人民共和国预算法实施条例》第二十条规定：预算法第三十二条第一款所称绩效评价，是指根据设定的绩效目标，依据规范的程序，对预算资金的投入、使用过程、产出与效果进行系统和客观的评价。绩效评价结果应当按照规定作为改进管理和编制以后年度预算的依据。

3. 《第 2202 号内部审计具体准则——绩效审计》第二条规定：本准则所称绩效审计，是指内部审计机构和内部审计人员对本组织经营管理活动的经济性、效率性和效果性进行的审查和评价。

经济性，是指组织经营管理过程中获得一定数量和质量的产品或者服务及其他成果时所耗费的资源最少；效率性，是指组织经营管理过程中投入资源与产出成果之间的对比关系；效果性，是指组织经营管理目标的实现程度。

4. 《项目支出绩效评价管理办法》（财预〔2020〕10 号）第六条规定：绩效评价的主要依据：

（一）国家相关法律、法规和规章制度；

（二）党中央、国务院重大决策部署，经济社会发展目标，地方各级党委和政府重点任务要求；

（三）部门职责相关规定；

（四）相关行业政策、行业标准及专业技术规范；

（五）预算管理制度及办法，项目及资金管理办法、财务和会计资料；

（六）项目设立的政策依据和目标，预算执行情况、年度决算报告、项目决算或验收报告等相关材料；

（七）本级人大审查结果报告、审计报告及决定，财政监督稽核报告等；

（八）其他相关资料。

第五节

合同档案管理审计

合同归档管理是合同管理的组成部分，也是合同全过程管理的最终阶段，单位应建立合同登记归档管理制度，加强对合同的登记、归档和保管工作。合同档案审计通过对档案管理的规范性进行审查，及时发现和解决合同档案管理过程中的问题，加强合同档案管理的规范性，提高合同管理水平。如果发生合同纠纷，可以运用档案记载的内容，依法维护单位权益。

（一）审计目标

目标1：审查合同档案管理流程的规范性

目标2：审查合同档案管理内容的规范性

（二）审计依据

《行政事业单位内部控制规范（试行）》。

（三）审计内容和要点

1. 通过查阅单位档案或合同档案相关制度、流程、合同管理岗位人员职责资料等，审查合同档案管理流程的规范性。

（1）审查是否对合同进行归口管理，是否建立合同管理规范和管理流程。

（2）审查是否明确合同管理责任部门。

（3）审查是否规范设置合同管理人员，明确岗位职责。

（4）审查是否明确合同流转、借阅和归还的职责权限和审批程序等有关要求。

（5）审查是否建立合同管理信息化系统及工作流程。

（6）审查是否将合同管理的主要流程、关键环节嵌入信息系统。

（7）审查信息系统中是否嵌入合同管理内部控制要求。

2. 通过查阅合同档案相关的合同前期谈判文件、合同审批文件、承诺书、资质证明书、法人授权委托书、合同书、合同变更、终止文件材料及合同的调解书、判决书、会议纪要等资料，审查合同档案的规范性。

（1）审查是否对合同进行登记管理。

（2）审查是否详细登记合同的订立、履行和变更情况。

（3）审查是否定期对合同进行分类、整理和归档。

（4）审查是否建立统一分类及编号制度。

（5）审查涉及经济事项的合同是否提交财务部门作为账务处理的依据。

（6）审查是否加强合同信息安全保密工作，是否泄露合同订立与履行过程中涉及的国家秘密、工作秘密或商业秘密。

（四）核心知识点

1.《行政事业单位内部控制规范（试行）》第五十八条规定：合同归口管理应当加强对合同登记的管理，定期对合同进行统计、分类和归档，详细登记合同的订立、履行和变更情况，实行对合同的全过程管理。与单位经济活动相关的合同应当同时提交财会部门作为账务处理的依据。

单位应当加强合同信息安全保密工作，未经批准，不得以任何形式泄露合同订立与履行过程中涉及的国家秘密、工作秘密或商业秘密。

2.《中华人民共和国档案法》第九条规定：机关、团体、企业事业单位和其他组织应当确定档案机构或者档案工作人员负责管理本单位的档案，并对所属单位的档案工作实行监督和指导。

中央国家机关根据档案管理需要，在职责范围内指导本系统的档案业务工作。

3.《中华人民共和国档案法》第十二条规定：按照国家规定应当形成档案的机关、团体、企业事业单位和其他组织，应当建立档案工作责任制，依法健全档案管理制度。

第四章 医疗卫生行业重点类别合同管理审计——货物采购类

第一节

货物采购类合同签订前立项阶段审计

根据《关于印发政府采购品目分类目录的通知》（财库〔2022〕31号），货物类品目共 8 个门类，包括房屋和构筑物、设备、文物和陈列品、图书和档案、家具和用具、特种动植物、物资、无形资产。结合相关行业实际工作情况，本章所指货物主要包含设备（包含部分家具）、物资（包含部分用具）和无形资产。设备按照自身属性及用途分类，可主要分为医疗设备、科研设备、信息化设备、办公室设备、机械设备、仪器仪表等。一般设备包括办公设备、办公家具、后勤设备、信息设备、家具等。物资按自身类别及用途区分可主要分为医疗耗材、科研耗材、药品、文品及五金耗材、清洁用品、用具、其他材料等。物资采购合同按签署方式区分可主要分为单次采购合同及框架合同（长期供货合同）。本章所指无形资产主要为软件。按用途可分为设备配套软件（如医疗设备配套使用软件）、行业应用软件（如信息系统配套软件）、办公软件等。

一、立项情况审计

货物采购经费来源主要分为财政项目经费、科教项目经费与单位公用经费三类。财政项目经费及科教项目经费应具有相应项目申报书、专家论证报告及预算主管部门预算批复。单位公用经费应具有单位内部论证流程（如预算论证会议）、集体决策流程（如院长办公会、党委会等）及预算主管部门预算批复。符合政府采购相关要求的货物应在财政部预算管理一体化系统中填报相应货物名称、政府采购品目等信息。

如拟采购的货物满足集中采购目录规定的采购品目及限额标准要求，

应当实行集中采购，避免由单位自行分散采购或超标准采购。

医疗设备按注册地或产地可分为进口设备与国产设备两类。针对拟采购的进口设备，应具有相应进口设备论证流程及进口论证批复/备案。对于采购单价在 100 万元及以上的医疗／一般设备，应在预算申报阶段同步申报新增资产预算配置，并获得新增资产预算批复。如拟采购的设备符合大型医疗设备规定（甲类/乙类），应申报并获得甲类/乙类设备配置证。涉及车辆采购合同应具有相应车辆配置批复。

如拟采购的物资已纳入阳光采购管理平台（如北京市医疗保障信息平台医用耗材招采管理子系统）管理，应依据相关法律法规实施全面挂网采购、阳光交易。

使用财政及科教项目资金或单位公用经费采购软件不受进口论证限制，不需要进行进口论证或备案。但是，如因其他相关规章制度限定不能采购进口软件的，应采购国产同类软件。

单位应根据国家相关法律法规制定完善的院内立项审批规章制度，重大项目申报、大型设备采购的论证、启动及其他重要采购流程应根据"三重一大"相关规定进行集体决策。

（一）审计目标

目标 1：审查货物采购项目立项决策程序是否合法合规

目标 2：审查货物采购项目经费的来源是否符合财政项目资金、科教项目资金或单位公用经费对应的要求

目标 3：审查货物采购项目申报过程、论证过程、批复过程、决策过程等手续是否齐全

（二）审计依据

《中华人民共和国政府采购法》《政府采购进口产品管理办法》（财库〔2007〕119 号）、《关于政府采购进口产品管理有关问题的通知》（财办车〔2008〕248 号）、《关于简化优化中央预算单位变更政府采购方式和采购进口产品审批审核有关事宜的通知》（财办库〔2016〕416 号）、《国务院办公厅关于印发中央预算单位政府集中采购目录及标准（2020 年版）的通知》（国

办发〔2019〕55号)、《财政部关于开展政府采购意向公开工作的通知》(财库〔2020〕10号)等法律法规及政策性文件；项目申报书、专家论证情况、预算批复、论证流程资料、集体决策流程资料、电子化采购业务的采购资料等。

(三) 审计内容及要点

1. 通过查阅合同立项批示文件、单位（部门）领导的立项签批意见、党委会纪要、院（所）长办公会纪要等资料，审查货物采购项目立项决策程序是否规范。

(1) 审查使用是否取得上级主管部门、货物采购项目审批管理部门相对应的批复，针对不同类型经费的货物采购合同，包括但不限于：

①审查使用财政项目经费的货物采购合同时，关注是否具有财政项目申报书、专家论证报告及预算主管部门预算批复等。

②审查使用科教项目经费的货物采购合同时，关注是否具有科教项目申报书、专家论证报告及预算主管部门预算批复等。

③审查单位公用经费的货物采购合同时，关注是否具有单位内部论证流程（如预算论证会议）、集体决策流程（如院（所）长办公会、党委会等）及预算主管部门预算批复。

④审查甲、乙类医疗设备采购合同时，关注甲、乙类医疗设备是否按要求获得配置证。

⑤审查进口设备政府采购合同时，关注是否按相关规定进行进口设备论证/备案，并获得批复。

⑥审查超过限额的设备政府采购合同时，关注购买的设备是否获得新增资产配置预算批复。

⑦审查软件采购合同时，关注是否存在违规采购进口软件的情况。

(2) 审查符合政府采购/集中采购相关要求的货物采购合同时，关注是否在财政部预算管理一体化系统中填报相应货物名称、采购品目等信息。

(3) 审查是否履行单位重大经济事项集体决策程序。

2. 通过查阅货物采购项目预算及相关资料，审查货物采购项目经费来源。审查货物采购合同中的货物品目、数量、金额是否与预算批复内容一致，货物采购项目的资金来源是否落实，是否存在无预算或超预算签订货物采购合同的情况。

3. 通过查阅货物采购项目的立项审批记录、审批流程资料，审查手续和过程资料是否齐全。

（1）审查货物采购项目是否符合相关审批流程和审批权限。

（2）审查货物采购项目审批、项目启动等手续是否真实，资料是否完整。

（四）核心知识点

1. 《中华人民共和国政府采购法》第二条规定：政府采购是指各级国家机关、事业单位和团体组织，使用财政性资金采购依法制定的集中采购目录以内的或者采购限额标准以上的货物、工程和服务的行为。

2. 《中华人民共和国政府采购法》第六条规定：政府采购应当严格按照批准的预算执行。

3. 《保障中小企业款项支付条例》第七条规定：机关、事业单位使用财政资金从中小企业采购货物、工程、服务，应当严格按照批准的预算执行，不得无预算、超预算开展采购。

4. 《行政事业单位内部控制规范（试行）》第二十条规定：单位的预算编制应当做到程序规范、方法科学、编制及时、内容完整、项目细化、数据准确。

（五）案例

1. 甲单位于 2022 年使用单位公用经费采购 128 排 CT 两台，单价 2 000 万元。经查该单位 2022 年仅 1 台 CT 获新增资产配置预算，配置金额 1 800 万元。

审计分析：上述两台设备，其中一台属于超新增资产配置预算采购，另一台属于无新增资产配置预算采购。甲单位应根据当年预算批复情况，严格执行上级单位及其单位内相关规章制度，做到无预算不采购，且不超预算采购，或按照预算管理流程增加预算。

2. 乙单位于 2023 年使用财政项目经费采购进口麻醉机 4 台，总金额 120 万元。经查无相关进口设备论证及审批手续。

审计分析：乙单位未对拟采购的医疗设备进行进口设备论证或备

案。根据《政府采购进口产品管理办法》（财库〔2007〕119号）第七条：采购人需要采购的产品在中国境内无法获取或者无法以合理的商业条件获取，以及法律法规另有规定确需采购进口产品的，应当在获得财政部门核准后，依法开展政府采购活动。财库〔2007〕119号第八条：采购人报财政部门审核时，应当出具以下材料：（一）《政府采购进口产品申请表》（详见附1）……根据《关于政府采购进口产品管理有关问题的通知》（财办库〔2008〕248号）第五条，采购人采购进口产品时，必须在采购活动开始前向财政部门提出申请并获得财政部门审核同意后，才能开展采购活动。在采购活动开始前没有获得财政部门同意而开展采购活动的，视同为拒绝采购进口产品，应当在采购文件中明确做出不允许进口产品参加的规定。进口产品专家论证意见原则上由采购人自行组织，其论证专家应当是熟悉该产品，并且与采购人或采购代理机构没有经济和行政隶属等关系。其应针对拟采购的进口设备进行专家论证后，通过当年进口设备集中论证或执行进口设备备案流程，逐级上报至财政部审批/备案通过后，可执行后续采购程序。

3. 丙单位于2022年年初申报单位公用经费政府采购预算5亿元，其中药品政府采购预算8 000万元。丙单位2022年实际使用单位公用经费签订药品采购合同金额1亿元，单位公用经费政府采购总金额5.2亿元。

审计分析：丙单位实际采购金额超出年初申报预算金额，应在可预见期限内及时向预算主管部门申请预算变更。

第二节 货物采购类合同订立阶段审计

一、筹划管理审计

货物采购类合同的筹划管理是指在合同筹划阶段，了解拟采购的货物涉及的行为和业务的事实，并进行合法性、合规性和可行性分析。单位应根据国家相关法律法规和自身合同筹划管理制度，明确应书面签署的货物采购合同范围。货物采购合同应明确签订业务和事项范围，合同内容应符合国家相关政策和法规，以及单位的经营目标、发展战略、未来方向等。针对框架合同，应明确拟订立合同的起始及截止日期。

（一）审计目标

目标 1：审查货物采购合同涉及的行为是否符合相关法律法规

目标 2：审查货物采购行为的管理是否健全

目标 3：审查拟订立的货物采购合同中所涉及的内容是否能够满足单位具体需求

（二）审计依据

《中华人民共和国招标投标法》《中华人民共和国招标投标法实施条例》《中华人民共和国政府采购法》《中华人民共和国政府采购法实施条例》《政府采购非招标采购方式管理办法》（财政部 74 号令）、《政府采购货物和服务招标投标管理办法》（财政部 87 号令）、《政府采购需求管理办法》（财库〔2020〕22 号）、《北京市财政局关于完善北京市政府采购进口产品管理工作有关问题的通知》（京财采购〔2017〕157 号）、《北京市医疗保障局关于全面推进医用耗材阳光挂网采购和常态化开展医用耗材集中带量采购有关事项的通知》（京医保办发〔2022〕8 号）等法律法规及政策性文件；政府采购过程文件、采购审批过程文件、单位货物采购方式相关规章制度等。

（三）审计内容及要点

1. 通过查阅行业相关和单位适用的法律法规、批复文件、规章制度、合同、表单、档案和证书等基础资料，审查货物采购合同涉及的经济行为是否符合相关法律法规和单位内部规定。

2. 审查是否存在将重大合同拆分成金额较小的若干合同，规避政府采购、招标或领导审批程序的情况。

3. 审查应在阳光采购管理平台上采购的项目或符合带量采购的项目采购合同时，关注是否按相关要求通过平台采购。

4. 审查符合集中采购相关要求的货物采购合同时，关注是否根据相关规定执行集中采购流程。

5. 审查是否明确合同订立的范围和条件，对应当订立合同的经济业务是否订立合同，是否存在违规含有担保、投资和借贷内容。

6. 审查合同内容是否符合国家产业政策和法律法规要求。

7. 审查框架合同时，关注起始及截止时间是否明确。

8. 通过查阅单位合同中与货物采购的相关流程，审查货物采购行为的管理是否健全。

（四）核心知识点

1.《中华人民共和国政府采购法》第七条规定：政府采购实行集中采购和分散采购相结合。集中采购的范围由省级以上人民政府公布的集中采购目录确定。属于中央预算的政府采购项目，其集中采购目录由国务院确定并公布；属于地方预算的政府采购项目，其集中采购目录由省、自治区、直辖市人民政府或者其授权的机构确定并公布。纳入集中采购目录的政府采购项目，应当实行集中采购。

2.《中华人民共和国政府采购法》第八条规定：政府采购限额标准，属于中央预算的政府采购项目，由国务院确定并公布；属于地方预算的政府采购项目，由省、自治区、直辖市人民政府或者其授权的机构确定并公布。

3.《政府采购进口产品管理办法》第七条规定：采购人需要采购的产品在中国境内无法获取或者无法以合理的商业条件获取，以及法律法规另有规定确需采购进口产品的，应当在获得财政部门核准后，依法开展政府采购活动。

4. 根据《中华人民共和国预算法》第十三条规定：经人民代表大会批准的预算，非经法定程序，不得调整。各级政府、各部门、各单位的支出必须以经批准的预算为依据，未列入预算的不得支出。

（五）案例

1. 甲单位于 2022 年获批设备购置财政项目一个，总预算金额 1 000 万元。其中包含激光治疗仪一台，预算 200 万元。甲单位实际采购射频治疗仪一台，采购金额 180 万元。

审计分析： 合同签署内容与预算批复内容不匹配，不符合项目申报的采购目标。设备采购合同内容应与对应的批复及采购过程文件匹配，不得采购超出预算批复范围的设备。

2. 乙单位计划于 2021 年采购手术床 10 台，使用单位公用经费，总预算金额 270 万元。乙单位经单位内部谈判确定，与同一供应商分三次签订采购合同，每次合同金额 90 万元。

审计分析： 根据《中央预算单位政府集中采购目录及标准（2020 年版）》（国办发〔2019〕55 号）第三条：除集中采购机构采购项目和部门集中采购项目外，各部门自行采购单项或批量金额达到 100 万元以上的货物和服务的项目、120 万元以上的工程项目应按《中华人民共和国政府采购法》和《中华人民共和国招标投标法》有关规定执行。第四条：政府采购货物或服务项目，单项采购金额达到 200 万元以上的，必须采用公开招标方式。根据《中华人民共和国政府采购法》第二十八条，采购人不得将应当以公开招标方式采购的货物或者服务化整为零或者以其他任何方式规避公开招标采购。上述采购方式属于拆分重大合同，规避政府采购与公开招标流程。乙单位应严格执行相关法律法规，对当年同一预算项目的采购内容进行整体规划，避免拆分政府采购或应公开招标未公开招标等情况发生。

3. 丙单位为中央预算单位，于 2021 年通过单位内部谈判的方式自 C 公司采购台式计算机 20 台，便携式计算机 15 台，并根据谈判结果与其签订采购合同。

审计分析： 根据《中华人民共和国政府采购法》第七条，纳入集中采购目录的政府采购项目，应当实行集中采购。集中采购机构为采购代理机构。设区的市、自治州以上人民政府根据本级政府采购项目组织集中采购的需要设立集中采购机构。根据《中央预算单位政府集中采购目录及标准（2020年版）》（国办发〔2019〕55号），台式电脑与笔记本电脑属于集中采购目录内项目，应按规定在财政部政府采购计划管理系统内执行响应集中采购程序，并根据集采公示结果与中标供应商签订采购合同。

二、合同调查审计

合同调查审计应审查合同对方主体是否为中标通知书中的中标单位，授权委托代理人、标的物代理资格是否合法合规，是否存在转授权、超授权现象。通过对合同对方主体供货资质、资信情况、履约能力、处罚记录、违约风险等内容进行审查，从而对合同对方主体资格进行评估。通过查阅采购项目资料，如招标文件、投标文件、评标报告、供货承诺等过程资料，以及合同对方主体的近年生产经营情况、审计报告、企业信用信息记录、商业信誉等内容，审计合同对方主体资格是否合法恰当；获利、偿债和营运情况是否对其履约能力造成影响；是否存在财务风险和信用风险等。针对软件采购合同，还应审查合同约定货物知识产权、专利权归属等情况。针对框架采购合同，除应在合同订立阶段查阅相关资料是否无误，还应当在合同履行期限内定期检查合同对方主体资质是否齐全与完善，是否存在相关资质未按要求更新、经营范围变更、授权范围变更等情况，定期评估合同对方主体是否在合同期限内具备合同履行能力。

（一）审计目标

目标1：审查合同对方主体是否与前期采购流程选定的供应商一致

目标2：审查合同对方主体资质是否齐全，是否具备履约能力

（二）审计依据

《中华人民共和国招标投标法》《中华人民共和国招标投标法实施条例》《中华人民共和国政府采购法》《中华人民共和国政府采购法实施条例》《政府采购非招标采购方式管理办法》（财政部74号令）、

《政府采购货物和服务招标投标管理办法》（财政部 87 号令）、《政府采购信息发布管理办法》（财政部 101 号令）、《政府采购框架协议采购方式管理暂行办法》（财政部 110 号令）、《政府采购竞争性磋商采购方式管理暂行办法》（财库〔2014〕214 号）、《医疗器械监督管理条例》等法律法规及政策性文件；政府采购项目招标投标文件、评标报告、单位采购过程文件、供应商提供的资质、承诺文件等。

（三）审计内容及要点

1. 通过调阅投标文件、评标报告等采购过程文件，审查是否存在未核实合同对方主体资格及相关证明，对合同对方主体资质进行了错误认定（如中小微企业认定错误）的情况。合同对方主体可能缺乏履约相关资质要求或不具备履约能力，使经济合同无效或引发潜在风险。审查是否存在未在合同履行期内定期检查更新合同对方主体的资质、生产经营情况、合同履约能力等相关信息的情况，导致单位采购资质不齐全的货物，或违规采购货物等情况的发生。

2. 通过调阅采购公示、招标文件等采购需求文件，审查是否存在对合同对方主体的资质要求过高或过低，将不具备履约能力的对象确定为签约对象，或将具有履约能力的对象排除在准经济合同对象之外的情况。可能存在违反公平竞争原则的风险。

3. 审查是否存在采购或使用软件不当导致侵权的情况。

（四）核心知识点

1. 《中华人民共和国招标投标法》第二十六条规定：投标人应当具备承担招标项目的能力；国家有关规定对投标人资格条件或者招标文件对投标人资格条件有规定的，投标人应当具备规定的资格条件。

2. 《中华人民共和国政府采购法》第二十二条规定：供应商参加政府采购活动应当具备下列条件：

（1）具有独立承担民事责任的能力。

（2）具有良好的商业信誉和健全的财务会计制度。

（3）具有履行合同所必需的设备和专业技术能力。

（4）有依法缴纳税收和社会保障资金的良好记录。

（5）参加政府采购活动前三年内，在经营活动中没有重大违法记录。

（6）法律、行政法规规定的其他条件。

3.《中华人民共和国民法典》第五百零四条规定：法人的法定代表人或者非法人组织的负责人超越权限订立的合同，除相对人知道或者应当知道其超越权限外，该代表行为有效，订立的合同对法人或者非法人组织发生效力。

4.《中华人民共和国民法典》第五百零五条规定：当事人超越经营范围订立的合同的效力，应当依照本法第一编第六章第三节和本编的有关规定确定，不得仅以超越经营范围确认合同无效。

（五）案例

1.甲单位通过公开招标的形式从 A 公司采购 X 品牌进口呼吸机 3 台，总金额 150 万元。经查，A 公司未获得 X 品牌产品授权，且无第三类医疗器械经营许可。

审计分析：根据《医疗器械监督管理条例》第四十二条：从事第三类医疗器械经营的，经营企业应当向所在地设区的市级人民政府负责药品监督管理的部门申请经营许可并提交符合本条例第四十条规定条件的有关资料。第四十五条：医疗器械经营企业、使用单位应当从具备合法资质的医疗器械注册人、备案人、生产经营企业购进医疗器械。购进医疗器械时，应当查验供货者的资质和医疗器械的合格证明文件，建立进货查验记录制度。根据《中华人民共和国政府采购法》第二十二条：供应商参加政府采购活动应当具备下列条件：…（三）具有履行合同所必需的设备和专业技术能力…采购人可以根据采购项目的特殊要求，规定供应商的特定条件，但不得以不合理的条件对供应商实行差别待遇或者歧视待遇。A 公司超范围经营医疗设备，且未获 X 品牌授权，不具备履约能力。甲单位应对中标公司主体资格进行核查，确认其资质齐全无误，方可与其签订采购合同。

2. 乙单位通过单位内部磋商的方式选定 B 公司为 Y 型 III 类医疗器械长期供货商并与其签订框架合同，供货期自合同签订生效之日起 3 年。在合同履行至第 2 年时，B 公司因经营范围变更，不再具备 Y 型 III 类医疗器械销售资格。乙单位未及时检查 B 公司资质变更情况，在合同履行期内继续自 B 公司采购 Y 型医疗器械。

审计分析：根据《医疗器械监督管理条例》第四十五条：医疗器械经营企业、使用单位应当从具备合法资质的医疗器械注册人、备案人、生产经营企业购进医疗器械。购进医疗器械时，应当查验供货者的资质和医疗器械的合格证明文件，建立进货查验记录制度。乙单位应定期检查长期供应商相应资质，如发现变更，应根据变更情况对合同做出相应补充、变更或终止。

三、合同谈判审计

审查单位相关谈判制度是否完善，委托代理采购及单位内部谈判流程是否合法合规，谈判结果是否按单位要求审批确认，谈判过程材料是否妥善留存并在合同条款中合理体现。合同条款的确定应符合平等原则、自愿原则、公平原则、诚实信用原则、合法原则、禁止权利滥用原则等原则。当事人订立的合同应当满足不违反法律规定、意思表示真实、具有相应行为能力等条件。

（一）审计目标

目标 1：审查合同谈判是否合法合规，符合单位的相关制度
目标 2：审查合同谈判内容是否在合同条款中有所体现并保持一致

（二）审计依据

《政府采购竞争性磋商采购方式管理暂行办法》（财库〔2014〕214 号）、《政府采购非招标采购方式管理办法》（财政部 74 号令）、《政府采

购竞争性磋商采购方式管理暂行办法》（财库〔2014〕214 号）等法律法规及政策性文件；政府采购项目招标投标文件、评标报告、单位采购过程文件、供应商提供的承诺文件等。

（三）审计内容及要点

1. 通过调阅采购意向文件、招标文件等审查合同谈判前准备是否充分，是否了解与合同内容相关的法律法规。是否存在合同谈判内容不符合国家产业政策和法律法规要求的情况。

2. 通过调阅采购过程文件，审查合同谈判时是否对谈判对手情况进行充分调查和了解。如对技术性强或法律关系复杂的经济事项不能正确应对，同时未组织熟悉技术、法律和财务知识的人员参与谈判工作，可能导致单位在谈判中处于不利地位或利益受损。

3. 通过调阅投标文件、评标报告、供应商提供的承诺文件等审查是否存在合同谈判不独立或谈判内容未体现在合同条款内的情况。如对合同关键条款、格式等审核不严格；合同内容和条款拟订缺乏合理性、严密性、完整性、明确性，或文字表述不严谨等，合同标的、数量、金额、质量标准、履行期限等实质性条款设置不合理或未准确表达谈判结果等，对后续执行造成重大误解。

（四）核心知识点

1. 《中华人民共和国政府采购法》第三条规定：政府采购应当遵循公开透明原则、公平竞争原则、公正原则和诚实信用原则。

2. 《中华人民共和国政府采购法》第五条规定：任何单位和个人不得采用任何方式，阻挠和限制供应商自由进入本地区和本行业的政府采购市场。

3. 《中华人民共和国民法典》第五百条规定：当事人在订立合同过程中有下列情形之一，造成对方损失的，应当承担赔偿责任：

（1）假借订立合同，恶意进行磋商。

（2）故意隐瞒与订立合同有关的重要事实或者提供虚假情况。

（3）有其他违背诚信原则的行为。

4.《中华人民共和国民法典》第五百零一条规定：当事人在订立合同过程中知悉的商业秘密或者其他应当保密的信息，无论合同是否成立，不得泄露或者不正当地使用；泄露、不正当地使用该商业秘密或者信息，造成对方损失的，应当承担赔偿责任。

5.《行政事业单位内部控制规范》第五十五条规定：对于影响重大、涉及较高专业技术或法律关系复杂的合同提出了谈判的要求，应当组织法律、技术、财会等工作人员参与谈判，必要时可聘请外部专家参与相关工作。谈判过程中的重要事项和参与谈判人员的主要意见，应当予以记录并妥善保管。合同谈判审计是对合同谈判过程和结果的审计。

（五）案例

甲单位拟采购国产流式细胞仪一台。该单位采购相关人员未对市场进行充分调研，仅参考进口同类设备价格设置采购预算，同时设备需求参数设置要求过低，导致最终以过高的价格签订采购合同。

审计分析： 合同谈判过程中甲单位应制定详细采购需求，并进行充分市场调研，保障其以合理价格采购相应设备，满足使用需求，避免单位利益受到不必要的损失。

四、合同内容审计

合同内容是合同条款的具体体现，是合同对方主体在合同中约定的权利义务。一般应包括合同对方主体的名称、住所、标的、数量、质量、价款或报酬、履行期限、地点和方式、违约责任、解决争议的方法等内容。合同内容审计是合同管理审计中重要的一环，主要审查合同内容是否合法、恰当。

通过公开招标，邀请招标等政府采购形式采购的货物，合同实质性条款应与采购文件保持一致。合同内容审计查阅合同主要文件及相关附件、招投标文件、评标报告、中标通知书等过程资料。审计合同要素是否完整，是否遗漏必要条款；是否存在不对等条款；合同文本是否符合国家相关法律法规、产业政策等规定；中标货物是否与投标时的产品品牌、型号规格、数量与单位、价格等保持一致，是否明确结算方式、付款期限与条件、验收程序与标准，是否明确违约责任、解决争议事项的方式，是否明确违约金的比例、赔偿方式等。

根据不同材料种类的不同特性，合同应对供货响应时间、材料效期认定、验收及退换货等相应条款做出明确约定。针对软件采购合同，应重点审查是否对软件载体的运输和验收有明确要求；是否对软件验收方式及要求有明确约定。

合同双方主体在订立合同时，要力争做到用词准确，表达清楚，约定明确，避免产生歧义。对合同条款的拟订或审查，不仅要注重文字的表述，还要注重条款的实质内容。合同内容审计一般为签订完成后审计，有的单位要求在事前、事中审计，但也应在相关负责部门审核完成后再进行审计，可以查看各负责部门在合同内容的审核上是否认真履职。

（一）审计目标

目标1：审查合同内容是否符合国家相关法律法规及有关政策、制度规定

目标2：审查合同内容是否完整、全面，是否根据拟采购货物的特性制定针对性条款

目标3：审查合同条款用词是否准确，避免产生歧义

（二）审计依据

《中华人民共和国民法典》《政府采购促进中小企业发展管理办法》（财库〔2020〕46号）、《医疗器械监督管理条例》（国务院令第739号）、《危险化学品安全管理条例》（国务院令第591号）等法律法规及政策性文件；单位前期采购文件、供应商承诺、合同文本等。

（三）审计内容及要点

1. 通过调阅前期采购文件及合同文本等，审查合同实质性条款与前期采购文件是否一致，有无违反国家相关法律法规。

2. 审查合同内容是否根据拟采购货物的特性制定针对性条款。

（1）针对部分医疗、科研试剂耗材或食堂原材料框架合同，关注是否

额外约定产品不定期溯源检查和质量抽检等相关条款，以保障采购材料的来源、质量等符合单位的需求。如拟采购的材料为危险化学品，应按相关规定制定材料的运输、交付及储存等条款。

（2）针对部分软件采购合同，关注软件安装完成后，是否有调试及试运行阶段；在软件正式运行期间，是否明确约定调试、维护、升级等条款；是否明确软件的年度维护费用和方式，是否明确升级与二次开发内容的界面划分与收费方式；定制软件是否明确约定致使产权归属、保密等条款。

3. 审查合同所用术语的含义与相关法条、司法解释、技术规范是否相符。

4. 审查合同内容是否存在重大疏漏和欺诈，导致合同存在风险隐患。

（四）核心知识点

1. 合同货物：指卖方根据合同约定须向买方提供的一切货物、机械、仪表、备件、工具、手册等其他相关资料。

2. 验收：指合同双方依据强制性的国家技术质量规范和合同约定，确认合同项下的货物符合合同规定的活动。

3. 现场交货：指卖方负责办理运输和保险，将货物运抵现场。有关运输和保险的一切费用由卖方承担。所有货物运抵现场的日期为交货日期。

4. 工厂交货：指由卖方负责代办运输和保险事宜。运输费和保险费由买方承担。运输部门出具收据的日期为交货日期。

5. 技术规范：提交货物的技术规范应与招标文件规定的技术规范和技术规范附件相一致。若技术规范中无相应说明，则以国家有关部门最新颁布的相应标准及规范为准。

6. 产品明细：由于软件产品更新快、版本多，合同签订时要明确产品名称、版本号、详细功能模块、辅助资料等内容。

7. 软件费用：合同签订时应明确软件采购方式及相应采购费用，部分软件须明确升级费用及未来每新增一个用户的费用等。

8. 支持和维护服务：明确年度支持和维护具体包括哪些服务内容，如驻场服务、升级服务、热线支持、远程诊断、维修维护等。明确升级与二次开发内容的界面划分与收费方式。

9. 培训：在合同中，需要明确供应商提供的培训课程、相应的人员、资料、费用和时间安排。一般而言，软件供应商应提供一定数量的免费培训时间。

（五）案例

1. 甲单位通过公开招标采购手术灯 5 台，总成交金额为 60 万元。招标文件内规定合同签订生效之日起 1 个月内甲单位向 A 公司支付 50% 合同款，货到验收合格后 3 个月内支付 50% 合同款。供货期为自合同签订之日起 120 天。A 公司中标后，甲单位与其签订政府采购合同，约定供货期为自合同签订之日起 90 天，且货到验收合格后支付 100% 合同款。

审计分析：根据《中华人民共和国招标投标法》第四十六条：招标人和中标人应当自中标通知书发出之日起三十日内，按照招标文件和中标人的投标文件订立书面合同。招标人和中标人不得再行订立背离合同实质性内容的其他协议。合同货物交付、款项支付等实质性条款应与招标文件相符，甲单位应在招标文件制定阶段确定采购设备标的、数量、质量标准、履行期限等实质性条款，并在合同实际签署阶段保持上述实质性条款的一致性。

2. 乙单位与 B 公司签订的食堂原材料框架合同中，要求对方提供"市场上优质产品"，未明确具体品牌等要求。

审计分析："市场上优质产品"约定不明确，且缺乏判定依据，乙单位可要求 B 公司提供相应品牌（可多个品牌）产品，并明确约定验收标准，保障乙单位采购符合需求的原材料。

五、合同审批审计

合同审批审计是指通过查阅合同审批会签流程记录（审批表/会签表）、单位（部门）领导的合同签批意见等过程资料，审查是否建立合同会签审批制度，审批人是否按照审批权限履行审签会签职责，是否发生未经授权或者超越权限审批的情形；审批建议是否经过修改后重新执行会签流程。

（一）审计目标

审查合同审批是否合法合规，是否符合单位相关制度规定

（二）审计依据

《行政事业单位内部控制规范（试行）》（财会〔2012〕21号）等法律法规及政策性文件；单位内部控制制度、单位合同管理制度、授权委托书等。

（三）审计内容及要点

1. 通过调阅单位相关制度及合同审批流程文件，审查合同审核人员是否未能发现或者未能及时发现合同文本中的不当内容和条款，为单位造成损失。

2. 审查合同文本拟订人和合同审核人是否存在责任划分不清，缺乏有效沟通和协调，导致合同审核人发现不当的合同内容、条款未能予以纠正等情况发生。

（四）核心知识点

合同会签管理：指相关职能管理部门根据国家相关法律法规和单位规章制度，对合同订立、审批及签署等各环节及相关流程进行管理与监控，确保签署合同的合法性、合规性和有效性。

（五）案例

1. 甲单位与A公司于2022年签订PCR仪采购合同，金额50万元。合同会签表内合同履行科室及主管院领导未签字。

审计分析：合同履行部门及主管院（所）领导为合同审批会签流程的必备环节，应对合同进行审核，审核无误后签署会签表。

2. 乙单位经济合同管理办法规定，超过10万元的经济合同签订

事项须由主管院（所）领导及院（所）长会签审批后，方可签署。乙单位与 B 公司签订氧气站运维合同，运维期限 2 年，每年费用 8 万元。该合同仅由主管院（所）领导审批，未经院（所）长审批签字。

审计分析：乙单位与 B 公司签订氧气站运维合同总金额为 16 万元，超过乙单位主管院（所）领导审批权限（10 万元），根据乙单位经济合同管理办法，该合同为超授权审批合同，应由主管院（所）领导及院（所）长会签审批通过后，方可签署。

六、合同签署审计

合同签署应按照合同最终文本约定的数量，打印最终文本。根据合同约定，由双方法定代表人或其授权代表人签字并加盖合同专用章或公章签署。单位对外签订经济合同，原则上应当使用合同专用章。合同附件是合同文件的组成部分，应当与合同正文一并签署。合同文本上应当有签署的日期。政府采购合同签署期限应满足相关法律法规要求。

（一）审计目标

审查合同签署是否合法合规，是否符合单位相关制度规定。

（二）审计依据

《中华人民共和国政府采购法》《中华人民共和国民法典》等法律法规及政策性文件；单位内部控制制度、单位合同管理制度、授权委托书等。

（三）审计内容及要点

1. 调阅合同会签表、合同文本等文件，关注是否存在未经授权或者越权签署的合同。

2. 调阅单位合同管理制度，关注合同印章使用、保管是否妥当，是否存在对不符合管理程序的合同加盖了合同印章的情况。

3. 关注合同内容是否存在未标明附件内容与数量，或未按要求签署日期等情况。

(四) 核心知识点

1. 合同签署应按照合同最终文本约定的数量,打印最终文本。根据合同约定,由双方法定代表人或其授权代表人签字并加盖合同专用章或公章签署。单位对外签订经济合同,原则上应当使用合同专用章。

2. 合同附件是合同文件的组成部分,应当与合同正文一并签署。

(五) 案例

甲单位于 2022 年 6 月通过公开招标的方式采购手术显微镜一台,A 公司中标并于 2022 年 6 月 20 日收到中标通知书。甲单位与其签订政府采购合同,合同未体现签订日期。

审计分析:《民法典》第四百九十条:"当事人采用合同书形式订立合同的,自当事人均签名、盖章或者按指印时合同成立。在签名、盖章或者按指印之前,当事人一方已经履行主要义务,对方接受时,该合同成立。法律、行政法规规定或者当事人约定合同应当采用书面形式订立,当事人未采用书面形式但是一方已经履行主要义务,对方接受时,该合同成立。"如甲单位合同相关内部控制制度约定合同文本上应当有法定代表人签署的日期的,则应体现签署日期。另外,根据《政府采购法》第四十六条,采购人与中标、成交供应商应当在中标、成交通知书发出之日起 30 日内,按照采购文件确定的事项签订政府采购合同。中标、成交通知书对采购人和中标、成交供应商均具有法律效力。中标、成交通知书发出后,采购人改变中标、成交结果的,或者中标、成交供应商放弃中标、成交项目的,应当依法承担法律责任。乙单位应在收到中标通知之日起 30 天内与中标供应商签订采购合同,并在合同内体现签订日期。避免合同签订逾期的情况发生。

第三节

货物采购类合同履行阶段审计

一、合同履行监控审计

合同履行监控审计范围包括进入合同履行状态至合同办结的所有合同。审查单位是否建立合同主办部门、合同履行部门与财务部门、审计部门、合同归口管理部门的沟通协调机制；审查合同履行过程中的各类费用或资金的收付是否符合国家相关法律法规和单位财务制度等相关规定；审查单位是否按合同约定条款或法律规定及时向对方支付款项。单位应主动发现并及时处理非正常履行事项，应对合同约定履行事项逐一核对，确保所有权利义务履行完毕；审查是否建立合同履行监督审查制度；合同履行情况是否实施有效监控，是否明确相关责任人，落实合同执行的责任；是否通过有效检查、分析和验收，确保合同全面有效履行。

（一）审计目标

目标1：审查单位是否具有完善的合同履行管理制度

目标2：审查单位是否明确合同履行的责任人或部门及相关职责

目标3：审查合同是否有效、全面履行

（二）审计依据

《中华人民共和国民法典》《医疗器械监督管理条例》（中华人民共和国国务院令第739号）、《危险化学品安全管理条例》（中华人民共和国国务院令第591号）、《政府采购质疑和投诉办法》（财政部令第94号）、《政府采购信息发布管理办法》（财政部令第 101 号）、《政府采购框架协议采购方式管理暂行办法》（财政部令第 110 号）、《财政部关于进一步加强政府采购需求和履约验收管理的指导意见》（财库〔2016〕205 号）等法律法规及政策性文件；单位内部控制制度、单位合同管理制度等。

（三）审计内容及要点

1. 调阅单位相关制度，审查是否明确合同履行部门，是否对合同履行进行有效监督，是否存在未按照合同约定履行合同情况，或未能及时发现已经存在或可能导致单位利益受到损失的情况。

2. 通过调阅送货单、验收单、培训记录、付款记录等合同履行记录，审查合同履行、验收是否严格到位，保证合同履行的质量。

（1）设备采购合同应重点关注合同对方主体提供的设备是否与合同约定内容一致，设备的运输、送货、安装、调试、验收等环节是否按照合同约定进行，开具的发票内容和价格是否与合同约定及实际供货保持一致；各个环节是否留存相应单据或过程资料。

（2）框架采购合同应重点关注合同对方主体提供的材料或药品是否与合同约定内容一致，是否按照合同约定的时间供货，提供的货物质量是否经由单位人员检查合格，不合格或过期的材料或药品是否及时更换等。

（3）定制软件在正式上线前期应有虚拟环境测试和试运行阶段，测试运行无误后正式运行，防止软件出现错误导致单位其他系统数据错乱。

（四）核心知识点

1.《医疗器械监督管理条例》第七条规定：医疗器械产品应当符合医疗器械强制性国家标准；尚无强制性国家标准的，应当符合医疗器械强制性行业标准。

2.《医疗器械监督管理条例》第三十九条规定：医疗器械应当有说明书、标签。说明书、标签的内容应当与经注册或者备案的相关内容一致，确保真实、准确。医疗器械的说明书、标签应当标明下列事项：

（1）通用名称、型号、规格。

（2）医疗器械注册人、备案人、受托生产企业的名称、地址以及联系方式。

（3）生产日期，使用期限或者失效日期。

（4）产品性能、主要结构、适用范围。

（5）禁忌、注意事项以及其他需要警示或者提示的内容。

（6）安装和使用说明或者图示。

（7）维护和保养方法，特殊运输、贮存的条件、方法。

（8）产品技术要求规定应当标明的其他内容。

3.《行政事业单位内部控制规范（试行）》第三十六条规定：单位应当加强对政府采购项目验收的管理。根据规定的验收制度和政府采购文件，由指定部门或专人对所购物品的品种、规格、数量、质量和其他相关内容进行验收，并出具验收证明。

（五）案例

1. 甲单位于2021年5月与A公司签订医疗设备采购合同，采购内窥镜4套，总金额500万元，约定供货期为合同签订生效后120天。截至2023年3月，A公司交付内窥镜1套，未完成交货，致使甲单位相关医疗工作无法开展。甲单位未追究其违约责任。

审计分析：根据《中华人民共和国民法典》第一百八十条，因当事人一方的违约行为，损害对方人身权益、财产权益的，受损害方有权选择请求其承担违约责任或者侵权责任。甲单位应根据合同约定追究其违约责任，并评估其对甲单位造成的相应损失，并要求赔偿。

2. 乙单位与B公司签订医疗设备采购合同，采购手术吊塔20套，约定货到验收合格3个月内支付全部合同款。货到验收合格后，乙单位逾期1年未支付合同款项。

审计分析：根据《中华人民共和国民法典》第一百八十条，因当事人一方的违约行为，损害对方人身权益、财产权益的，受损害方有权选择请求其承担违约责任或者侵权责任。乙单位应积极与B公司沟通协商，按合同约定尽快支付货款，避免因违约产生的纠纷或对单位造成损失。

3. 丙单位与C公司签订采购Z-1型号激光设备2台，总金额300

万元。C 公司实际供货时提供价值较低的 Z-2 型号激光设备 2 台，丙单位正常执行验收与款项支付手续。

审计分析：根据《中华人民共和国民法典》第五百零九条，当事人应当按照约定全面履行自己的义务。C 公司应向丙单位提供合同约定的货物，丙单位应根据合同约定条款进行相应验收。如 C 公司提供的货物不符合合同约定，丙单位应拒绝接受并根据合同相应条款向 C 公司提出更换要求，直至 C 公司提供的货物符合验收相关条款。

4. 丁单位与 D 公司签订医疗耗材框架合同，约定如耗材效期剩余期占完整效期的三分之一可为丁单位无偿更换。丁单位在 2022 年 5 月购入的一批医疗耗材于 2023 年 5 月失效，期间丁单位未要求 D 公司进行退换。

审计分析：丁单位应按合同约定履行及时通知 D 公司退换相应材料，避免对单位造成损失。

二、合同变更、转让、解除、终止审计

查阅合同变更、转让、解除、终止等相关资料，审查对于合同没有约定或约定不明确的内容是否通过双方协商一致或按照国家相关法律法规进行补充；审查变更或解除合同是否按规定程序及时报告并办理变更或解除程序；合同转让与终止是否履行相关程序并及时通知合同归口管理、财务等相关部门妥善处理后续事项；合同对方主体提出终止、解除合同造成单位经济损失的，是否向合同对方主体书面提出索赔。

（一）审计目标

目标 1：审查合同实质内容发生变更时，是否按相关规定执行补充或变更程序，合同无法继续履行的，是否按相关规定执行解除或终止程序

目标 2：审查合同变更内容是否合法合规，是否符合原合同变更需求

（二）审计依据

《中华人民共和国民法典》《中华人民共和国政府采购法》《政府采购框架协议采购方式管理暂行办法》（财政部令第 110 号）等法律法规及政

策性文件；单位内部控制制度、单位合同管理制度等。

（三）审计内容及要点

1. 调阅单位合同补充、解除、终止记录，合同生效后，发现合同条款中约定的权利义务不明确，审查是否及时与对方协商沟通签订补充、变更协议，是否影响主合同的正常履行。

2. 审查是否存在合同补充等内容或条款未经相应的程序，导致合同补充行为不当的情况；审查是否存在终止未达到终止条件的合同，以及合同终止未办理相关手续等情况。

（四）核心知识点

1. 《中华人民共和国政府采购法》第四十九条规定：政府采购合同履行中，采购人需追加与合同标的相同的货物、工程或者服务的，在不改变合同其他条款的前提下，可以与供应商协商签订补充合同，但所有补充合同的采购金额不得超过原合同采购金额的百分之十。

2. 《中华人民共和国政府采购法》第五十条规定：政府采购合同的双方当事人不得擅自变更、中止或者终止合同。政府采购合同继续履行将损害国家利益和社会公共利益的，双方当事人应当变更、中止或者终止合同。有过错的一方应当承担赔偿责任，双方都有过错的，各自承担相应的责任。

（五）案例

1. 甲单位与 A 公司签订的共聚焦显微镜采购合同中，仅约定 A 公司应对该设备质保 2 年，无其他详细条款。

审计分析：已签订的主合同未对设备质保期内乙方的维修维护义务做出明确规定，可能导致 A 公司未及时上门维修对甲单位造成损失或使甲单位产生额外维修费用，甲单位应及时发现上述漏洞，并积极与 A 公司沟通，签订相应补充协议。

2. 乙单位与 B 公司于 2021 年签订办公家具政府采购合同，总金额 500 万元。因实际需求，乙单位于 2022 年与 B 公司签订上述合同的补充协议，补充采购办公家具一批，总金额 55 万元。

审计分析：根据《中华人民共和国政府采购法》第四十九条，政府采购合同履行中，采购人需追加与合同标的相同的货物、工程或者服务的，在不改变合同其他条款的前提下，可以与供应商协商签订补充合同，但所有补充合同的采购金额不得超过原合同采购金额的百分之十。本案例中，乙单位与 B 公司签订的补充协议金额超过原合同的百分之十，应按相关法律法规执行相应采购方式及流程。

3. 丙单位与 C 公司于 2020 年签订医疗耗材框架合同，供货期 3 年。2022 年因疫情原因该医疗耗材成本大幅上涨，C 公司与丙单位协商一致对该医疗耗材单价上涨 10%。C 公司向丙单位出具了价格上涨说明函。

审计分析：根据《中华人民共和国民法典》第四百八十条，承诺的内容应当与要约的内容一致。受要约人对要约的内容做出实质性变更的，为新要约。有关合同标的、数量、质量、价款或者报酬、履行期限、履行地点和方式、违约责任和解决争议方法等的变更，是对要约内容的实质性变更。丙单位应根据与 C 公司的协商结果，签订相应补充协议。

三、合同结算审计

合同结算审计应查阅合同付款条款、财务收取或支付款项票据。审查财务部门是否根据合同履行情况办理价款结算和进行账务处理；财务部门与合同归口管理部门是否定期进行核对，确保按合同约定及时结算相关价款；未按照合同条款履约的，是否履行报告职责。

（一）审计目标

目标 1：审查是否依据合同结算货款
目标 2：审查款项支付材料是否齐全

（二）审计依据

《保障中小企业款项支付条例》（国务院令第 728 号）、《政府采购促进中小企业发展管理办法》（财库〔2020〕46 号）等法律法规及政策性文件；单位内部控制制度、单位合同管理制度等。

（三）审计内容及要点

1. 调阅支出凭证等材料，关注是否存在未完成合同约定的支付条款即支付合同款项的情况，关注是否存在逾期支付合同款项的情况。

2. 调阅单位采购相关材料，审查价款结算及账务处理相关材料是否齐全。

（四）核心知识点

1.《保障中小企业款项支付条例》（中华人民共和国国务院令第728号）第九条规定：机关、事业单位和大型企业与中小企业约定以货物、工程、服务交付后经检验或者验收合格作为支付中小企业款项条件的，付款期限应当自检验或者验收合格之日起算。

合同双方应当在合同中约定明确、合理的检验或者验收期限，并在该期限内完成检验或者验收。机关、事业单位和大型企业拖延检验或者验收的，付款期限自约定的检验或者验收期限届满之日起算。

2.《保障中小企业款项支付条例》第十条规定：机关、事业单位和大型企业使用商业汇票等非现金支付方式支付中小企业款项的，应当在合同中作出明确、合理约定，不得强制中小企业接受商业汇票等非现金支付方式，不得利用商业汇票等非现金支付方式变相延长付款期限。

（五）案例

1. 甲单位与A公司签订的医疗设备采购合同中包含10台各类设备，并约定所有设备货到验收合格后支付全部货款。在其中5台设备完成验收后，甲单位向A公司支付全部货款。

审计分析：甲单位应按合同约定完成全部设备验收后，再支付货款。

2. 乙单位与B公司（小微企业）签订的医疗设备采购合同约定货到验收合格后30天内支付全部合同款，乙单位于实际货到验收合格12个月后支付款项。

审计分析：根据《保障中小企业款项支付条例》第八条，机关、事业单位从中小企业采购货物、工程、服务，应当自货物、工程、服务交付之日起30日内支付款项；合同另有约定的，付款期限最长不得超过 60 日。机关、事业单位和大型企业与中小企业约定以货物、工程、服务交付后经检验或者验收合格作为支付中小企业款项条件的，付款期限应当自检验或者验收合格之日起算。合同双方应当在合同中约定明确、合理的检验或者验收期限，并在该期限内完成检验或者验收。机关、事业单位和大型企业拖延检验或者验收的，付款期限自约定的检验或者验收期限届满之日起算。机关、事业单位和大型企业不得以法定代表人或者主要负责人变更、履行内部付款流程，或者在合同未作约定的情况下以等待竣工验收批复、决算审计等为由，拒绝或者迟延支付中小企业款项。乙单位应按国家相关法律法规及合同约定，及时支付中小微企业货款。

四、合同纠纷审计

合同纠纷审计应查阅合同纠纷处理文件、仲裁书或诉讼书等相关资料，审查合同发生纠纷是否建立合同纠纷处理机制；是否收集对方违约行为的证据，按约定追究对方违约责任；单位是否在规定时效内与对方协商谈判，协商一致的，是否签订书面协议，合同纠纷协商无法解决的，经办人员是否向单位有关负责人报告；是否明确合同纠纷处理办法及相关审批权限和处理责任；是否未经授权审批，擅自做出实质性答复或承诺。

（一）审计目标

目标 1：审查是否建立有效的合同纠纷处理机制，及时采取有效措施防止纠纷扩大和发展

目标 2：审查产生纠纷后，是否及时按程序报告合同纠纷和拟采取的对策，是否与对方有效协商合同纠纷解决办法，合同纠纷解决办法是否得到授权

（二）审计依据

《中华人民共和国民法典》《医疗器械监督管理条例》（国务院令第 739 号）等法律法规及政策性文件；单位内部控制制度、单位合同管理制度、合同文本、合同履行过程文件等。

（三）审计内容及要点

1. 调阅合同文本、验收文件、合同履行文件、变更文件等，审查是否存在未及时按照合同约定追究对方违约责任，导致单位利益受损的情况。

单位发现合同相对方违约时，应当严格按照合同的约定处理，必要时在法定或者约定的期限内向对方提出异议。未经单位集体决策同意，单位内各部门不得擅自放弃应有的权利。单位内合同履行部门未按照合同约定履行义务，应当及时通知并会同相关职能部门采取有效措施，避免或者减少损失。单位合同履行部门对发生争议的合同应当及时处理，防止超过诉讼时效。

2. 审查是否存在未经单位授权审批，擅自做出实质性答复或承诺的情况。

（四）核心知识点

《中华人民共和国民法典》第五百八十四条规定：当事人一方不履行合同义务或者履行合同义务不符合约定，造成对方损失的，损失赔偿额应当相当于因违约所造成的损失，包括合同履行后可以获得的利益；但是，不得超过违约一方订立合同时预见到或者应当预见到的因违约可能造成的损失。

（五）案例

甲单位与 A 公司签订射频治疗仪采购合同，约定如因非甲单位人为操作原因导致的设备故障致使甲单位或第三方人员遭受损失的，甲单位有权要求 A 公司承担违约责任并赔偿相应损失。甲单位实际使用过程中对患者造成损害，由甲单位先行自行向患者进行赔付，后甲单位因设备故障对患者造成损害向 A 公司索要赔付时，A 公司称其因甲单位人为操作不当导致，不属于合同约定赔付范围。

审计分析： 双方因是否为人为原因导致损害发生产生纠纷，可通过调查设备使用记录，调取监控录像，引入第三方对设备进行检测等方式判定是否为甲单位人为原因导致，甲单位可通过与 A 公司协商或其他合同约定的纠纷处理方式进行处理。

第四节

货物采购类合同后评价管理审计

延伸合同后评价管理审计,目的是识别合同潜在风险,完善合同管理。查阅合同资信体系、合同单位信用评价、履约情况动态汇总等合同档案和动态管理资料,审计是否按照合同条款约定行使双方的权利,承担应尽的义务,合同是否达到了预定目的,实现预期效益。

(一) 审计目标

审查是否对合同履约方的履约能力进行评价并实行动态管理

(二) 审计依据

单位内部控制制度、单位合同管理制度、合同文本、合同履行过程文件等。

(三) 审计内容及要点

调阅合同全过程资料,关注是否建立合同资信体系,是否对合同对方主体履约能力进行评价并实行动态管理;是否建立信用单位白名单和黑名单,降低后期合同签订风险;是否对合同的履行情况进行总体评估和总结。

(四) 核心知识点

后评价反馈与共享机制:建立以后评价反馈为整改依据的动态管理机制,提高招标采购及合同管理监管效果;有针对性地开展专项问题检查和专项治理,包括采购策略、采购效率、供应商管理、合同变更、分包管理以及监管机制等重点专项问题,进一步促进单位招标采购及合同管理水平的再提升。同时，以定期开展"回头看"的方式检查问题整改情况，通过管理提升方案和经验方法的应用实现制度改进、机制完善和流程优化，促进招标采购及合同管理可持续提升，实现长效发展。

（五）案例

甲单位与 A 公司签订政府采购合同，购置血管造影机 1 台，质保期 3 年。合同履行期间，A 公司在质保期的前两年按合同约定向甲单位提供设备维保服务，但在第三年未进行相应维保服务，并与甲单位产生纠纷。

审计分析：针对 A 公司合同履行中出现的问题，甲单位应进行相应记录与评估，并根据评估结果确认是否将其列入单位信用黑名单内。

第五节 货物采购类合同档案管理审计

通过查阅合同档案管理制度、合同全过程文件、合同归档台账等文件，审计是否对合同进行登记管理、是否定期对合同进行统计、分类和归档，是否详细登记合同的订立、履行和变更情况，是否规范合同管理工作人员职责，是否做好合同信息安全保密工作。政府采购合同是否按照国家相关法律法规在预算主管部门备案及公示。

（一）审计目标

目标 1：审查单位合同归档制度是否健全

目标 2：审查是否存在未按归档制度将全部合同材料归档的情况

目标 3：审查政府采购合同是否按要求进行公示与备案

（二）审计依据

单位内部控制制度、单位合同管理制度等。

（三）审计内容及要点

1. 调阅单位合同归档制度，结合合同前期谈判文件、合同审批文件、承诺书、资质证明书、法人授权委托书、合同书、合同变更、终止文件材料及合同的调解书、判决书、会议纪要、合同归档台账等文件，查看合同归档内容是否齐全。

2. 在中国政府采购网（www.ccgp.gov.cn）查看政府采购合同是否按要求进行备案与公示。

（四）核心知识点

《中华人民共和国政府采购法》第四十二条规定：采购人、采购代理机构对政府采购项目每项采购活动的采购文件应当妥善保存，不得伪造、变造、隐匿或者销毁。采购文件的保存期限为从采购结束之日起至少保存十五年。

采购文件包括采购活动记录、采购预算、招标文件、投标文件、评标标准、评估报告、定标文件、合同文本、验收证明、质疑答复、投诉处理决定及其他有关文件、资料。

采购活动记录至少应当包括下列内容：

（1）采购项目类别、名称。

（2）采购项目预算、资金构成和合同价格。

（3）采购方式，采用公开招标以外的采购方式的，应当载明原因。

（4）邀请和选择供应商的条件及原因。

（5）评标标准及确定中标人的原因。

（6）废标的原因。

（7）采用招标以外采购方式的相应记载。

（五）案例

甲单位与 A 公司于 2022 年 1 月签订医疗设备采购合同，于 2022 年 3 月签订补充协议。甲单位未将补充协议归档。

审计分析：补充协议与主合同具备同等法律效力，应按主合同相同方式归入档案内统一管理。

第五章 医疗卫生行业重点类别合同管理审计——服务采购类

医疗行业的服务采购类合同一般包括技术服务合同和第三方服务合同。技术服务合同按其类型主要分为技术辅助服务合同、技术中介合同、技术培训合同。第三方服务合同主要包括设备运维服务合同和物业服务合同。设备运维服务合同包括医疗设备维保、信息系统运维、后勤设备运维等服务合同。物业服务合同主要包括单位的园区绿化、保洁、保安等服务合同。聘请第三方服务是单位利用专业化分工优势,将服务事项委托给单位以外的专业协作服务商完成,达到更好地优化资源配置的运营行为。目的是充分发挥专业分工优势,降低运营成本,实现资源的合理配置。

服务采购类合同的审计主要是检查服务采购是否按照《中华人民共和国政府采购法》《中华人民共和国招标投标法》等法律法规执行前期采购程序,制定、签署、执行采购合同,以及合同后评价等环节。此外,审查不同类型的服务合同条款是否符合《中华人民共和国民法典》的相关规定及采购人的实际需求,如技术合同的订立是否有利于知识产权的保护和科学技术的进步,促进科学技术成果的研发、转化、应用和推广;技术合同的内容是否包括项目名称、标的内容、履行方式、保密条款、技术成果的归属和收益、验收方法以及名词解释等重要条款;物业服务合同的内容是否包括服务事项、服务质量、服务费用的标准和收取办法、维修资金的使用、服务用房的管理和使用、服务期限、服务转委托、服务交接、违约赔偿等重要条款等。

第一节

服务采购类合同签订前立项阶段审计

一、立项情况审计

服务采购类合同的项目经费来源主要可分为财政项目资金、科教项目资金与单位公用经费三类。在服务采购类合同签订前的立项审计阶段,主要关注是否按照法律法规和单位有关服务采购类合同业务的内部制度规定执行立项决策程序，是否存在虚报服务项目或投资等问题。

医疗卫生单位应根据国家相关法律法规制定完善的服务合同立项审批规章制度，如遇到拟采购的第三方服务满足集中采购目录规定的采购品目及限额标准要求的情况，应当实行集中采购，避免由单位自行分散采购或超标准采购。同时，对于外包类的服务合同，还应建立完善的服务外包审批制度，重大经济事项及流程应根据"三重一大"等相关规定进行集体决策。

（一）审计目标

目标1：审查服务采购项目立项决策程序是否合法合规

目标2：审查服务采购项目经费的来源是否符合财政项目资金、科教项目资金或单位公用经费对应的要求

目标3：审查服务采购项目申报过程、论证过程、批复过程、决策过程等手续是否齐全

（二）审计依据

《中央预算单位政府集中采购目录及标准（2020年版）》（国办发〔2019〕55号）中涉及服务类的采购目录、《中华人民共和国政府采购法》《中华人民共和国招标投标法》、项目申报书、专家论证情况、预算批复、论证流程资料、集体决策流程资料、电子化采购业务的采购资料等。

（三）审计内容及要点

1. 通过查阅合同立项批示文件、单位（部门）领导的立项签批意见、党委会纪要、院（所）长办公会纪要等资料，审查服务项目立项决策程序是否规范。

（1）审查是否取得上级主管部门、服务项目审批管理部门相对应的批复，针对不同类型经费的服务合同，包括但不限于：

①审查财政项目经费的服务合同时，关注是否具有相应项目申报书、专家论证报告及预算主管部门预算批复。

②审查单位公用经费的服务合同时，关注是否具有单位内部论证流程

（如预算论证会议）、集体决策流程（如院（所）长办公会、党委会等）及预算主管部门预算批复。

③审查符合政府采购相关要求的第三方服务合同时，关注是否在财政部预算管理一体化系统中填报相应服务名称、采购品目等信息。

（2）审查是否履行单位重大经济事项集体决策程序。

（3）审查是否有超授权审批现象。

（4）审查符合集中采购目录要求的服务采购项目是否按要求进行集中采购申报或执行采购流程。

2. 通过查阅服务项目预算及相关资料，审查服务项目经费来源。

（1）审查服务合同中的服务金额是否与预算金额一致，是否存在超预算签订服务合同的情况。

（2）审查服务项目的资金来源是否落实，是否存在无预算签订服务合同的情况。

3. 通过查阅服务项目的立项审批记录、审批流程资料，审查手续和过程资料是否齐全。

（1）审查服务项目是否符合相关审批流程和审批权限。

（2）审查服务合同审批手续是否真实，资料是否完整。

（四）核心知识点

1. 当审计对象为单位服务合同时，由于临床医疗和科研业务的领域具有特殊性，还会产生一些特色服务合同。如临床试验服务合同，审查资料中还应包括临床试验内容、范围和要求、科学性审查文件、伦理审查委员会决议、受试者保护、补偿及赔偿、个人信息保护、知情告知书、临床研究涉及的行政审批、备案、登记、注册等事项的资料。

2. 《中华人民共和国政府采购法》第十四条规定：政府采购当事人是指在政府采购活动中享有权利和承担义务的各类主体，包括采购人、供应商和采购代理机构等。

（五）案例

1. 甲单位与 A 公司签订放射设备维保服务，使用单位公用经费，每年预算金额 150 万元，该项目未包含在单位当年政府采购预算内。

审计分析：根据《中华人民共和国预算法》第十三条：经人民代表大会批准的预算，非经法定程序，不得调整。各级政府、各部门、各单位的支出必须以经批准的预算为依据，未列入预算的不得支出。根据《中央预算单位政府集中采购目录及标准（2020 年版）》第三条：分散采购限额标准除集中采购机构采购项目和部门集中采购项目外，各部门自行采购单项或批量金额达到 100 万元以上的货物和服务的项目、120 万元以上的工程项目应按《中华人民共和国政府采购法》和《中华人民共和国招标投标法》有关规定执行。该项目预算金额超过 100 万元，适用于政府采购相关法律法规，应纳入单位政府采购预算管理，执行政府采购相应程序，并在财政部预算管理一体化系统中填报相应品目名称、金额等信息。

2. 乙单位于 2022 年使用科教经费进行人细胞外显子测序技术服务费 58 万元。该课题总预算 100 万元，包含业务费 60 万元，其中：测试化验加工费 30 万元。

审计分析：技术服务费 58 万元超测试化验加工费预算 30 万元，若课题进行中确有需求，课题组应进行预算调整。课题预算调整应按照《国务院办公厅关于改革完善中央财政科研经费管理的若干意见》（国办发〔2021〕32 号）"一、扩大科研项目经费管理自主权"中的"（二）下放预算调剂权。设备费预算调剂权全部下放给项目承担单位，不再由项目管理部门审批其预算调增。项目承担单位要统筹考虑现有设备配置情况、科研项目实际需求等，及时办理调剂手续。除设备费外的其他费用调剂权全部由项目承担单位下放给项目负责人，由项目负责人根据科研活动实际需要自主安排。（项目管理部门、项目承担单位负责落实）"进行调整，或按照单位依据国办发〔2021〕32 号文件制定的单位科研课题经费管理办法调整。

第二节

服务采购类合同订立阶段审计

一、筹划管理审计

服务采购类合同的筹划管理是指在拟签订合同阶段,了解具体服务采购合同涉及的行为和业务的事实,进行合法性、合规性和可行性分析。单位应根据国家相关法律法规制定合同筹划管理相关制度,明确应书面签署的服务采购合同范围。合同内容应与对应的批复及采购过程文件匹配,符合国家相关政策和法规,以及单位经营目标、发展战略、未来方向等,并应明确拟签订合同的起始及截止日期。

(一)审计目标

目标1:审查服务采购合同涉及的行为是否符合相关法律法规

目标2:审查服务采购行为的管理是否健全

目标3:审查拟签订的服务采购合同中所涉及的服务内容是否能够满足单位具体需求

(二)审计依据

《中华人民共和国民法典》《中华人民共和国招标投标法》《中华人民共和国招标投标法实施条例》《中华人民共和国政府采购法》《中华人民共和国政府采购法实施条例》《政府采购非招标采购方式管理办法》(财政部令第74号)、《政府采购货物和服务招标投标管理办法》(财政部令第87号)、《政府采购需求管理办法》(财库〔2021〕22号)等法律法规及政策性文件;

单位内部控制制度、单位合同管理制度等相关内部制度、立项批示文件等。

（三）审计内容及要点

1. 通过查阅行业相关和单位适用的法律法规、批复文件、规章制度、合同、表单、档案和证书等基础资料，审查服务合同涉及的经济行为是否符合相关法律法规和单位内部规定。

（1）审查服务合同签订内容与批复文件内容是否匹配。

（2）确认开发服务内容、范围和要求、开发计划及开发进度、保密条款、违约责任和风险责任、验收的标准和方法、研究开发经费或者项目投资数额及支付方式、合同双方权利义务及交易需求。

（3）审查成果转化合同时，关注技术成果的归属和收益的分配方法，验收标准和方法，名词和术语的解释等条款。若双方对权利归属有特殊要求，应在合同中明确约定。特别需要注意的是，对于在技术开发成果的基础上进行二次开发所得到的成果，要注意审查在合同中的明确性。

2. 审查是否存在将重大合同拆分成金额较小的若干合同，规避招标管理或领导审批程序的情况。

3. 审查是否明确合同订立的范围和条件，对应当订立合同的经济业务是否订立合同。

4. 审查合同内容是否符合国家产业政策和法律法规要求。

5. 审查维保/运行等服务采购合同起始及截止时间是否明确。

6. 通过查阅单位合同中与服务相关流程，审查服务行为的管理是否健全。

（四）核心知识点

1.《中央预算单位政府集中采购目录及标准（2020年版）》第一条规定：集中采购机构采购项目服务类包括车辆维修保养及加油服务、机动车保险服务、印刷服务、工程造价咨询服务、工程监理服务、物业管理服务、云计算服务、互联网接入服务。

2.《中央预算单位政府集中采购目录及标准（2020年版）》第三条规定：除集中采购机构采购项目和部门集中采购项目外，各部门自行采购单项或批量金额达到100万元以上的货物和服务的项目、120万元以上的工程项目应按《中华人民共和国政府采购法》和《中华人民共和国招标投标法》有关规定执行。

（五）案例

1. 2022年，甲单位某课题总预算金额100万元，业务费50万元，其中包含DNA测序分析技术服务。课题实际进行中，因研究需要，自行增加了RNA测序分析技术服务。

审计分析：合同签署内容与预算批复内容不匹配，不符合项目申报的技术服务目标。课题预算调整应按照《国务院办公厅关于改革完善中央财政科研经费管理的若干意见》（国办发〔2021〕32号）规定："一、扩大科研项目经费管理自主权"中的"（二）下放预算调剂权。除设备费外的其他费用调剂权全部由项目承担单位下放给项目负责人，由项目负责人根据科研活动实际需要自主安排。"要求进行。若课题研究中确有需要，应根据单位科研预算相关管理制度进行预算变更，更改测算说明。

2. 乙单位计划于2021年采购10台同型号医疗设备维保服务，单台设备每年预算20万元。乙单位经院内谈判，于2021年2月与B公司签订三台设备维保服务合同，总金额60万元；与C公司于2021年5月签订三台设备维保服务合同，总金额80万元；与D公司于2021年10月签订四台设备维保服务合同，总金额80万元。

审计分析：《中华人民共和国政府采购法实施条例》第二十八条规定，在一个财政年度内，采购人将一个预算项目下的同一品目或者类别的货物、服务采用公开招标以外的方式多次采购，累计资金数额超过公开招标数额标准的，属于以化整为零方式规避公开招标，但项目预算调整或者经批准采用公开招标以外方式采购除外。乙单位应严格执行相关法律法规，对当年同一预算项目的采购内容进行整体规划，避免拆分政府采购或应公开招标未公开招标等情况发生。

二、合同调查审计

合同调查审计应审查合同主体是否为中标通知书中的中标单位，授权委托代理人，是否存在转授权、超授权现象。通过对中标服务供应商资质、资信情况、履约能力、处罚记录、违约风险等内容进行审查，从而对其资格是否合法恰当；获利、偿债和营运情况是否对其履约能力造成影响；是否存在财务风险和信用风险等进行综合评估。针对第三方服务合同，应根据不同服务要求设置相应的遴选标准，对合同对方主体及其从业人员的合法性、技术水平、专业能力等进行综合评估和调查。除应在合同订立阶段审查合同对方主体营业执照、资质证明、授权委托书、开户银行、生产经营情况、商业信誉等主体资格是否合法恰当，还应当在合同履行期限内定期检查或不定期抽检合同对方主体资质是否更新完善、是否定期培训服务人员以具备提供服务要求的专业知识和技能等，定期评估合同对方主体是否在合同期限内具备合同履行能力。

（一）审计目标

目标1：审查合同对方主体是否与前期采购流程选定的供应商一致

目标2：审查合同对方主体资质是否齐全，是否具备履约能力

（二）审计依据

《中华人民共和国招标投标法》《中华人民共和国招标投标法实施条例》《中华人民共和国政府采购法》《中华人民共和国政府采购法实施条例》《政府采购非招标采购方式管理办法》（财政部令第74号）、《政府采购货物和服务招标投标管理办法》（财政部令第87号）、《政府采购信息发布管理办法》（财政部令第101号）、《政府采购竞争性磋商采购方式管理暂行办法》（财库〔2014〕214号）等法律法规及政策性文件；政府采购项目招标投标文件、评标报告、单位采购过程文件、供应商提供的资质、承诺文件等。

（三）审计内容及要点

1. 通过调阅投标文件、评标报告等采购过程文件，审查是否存在未核实合同对方主体资格及相关证明，对合同对方主体资质进行了错误认定（如中小微企业认定错误）的情况。关注采购文件中合同对方主体提供的

服务方案、服务人员、服务时间、辅助设备设施等承诺，审查在合同履行期内合同对方主体的生产经营情况，评估合同对方主体是否具备提供承诺的服务的能力，以及是否存在单位采购的服务无法继续履行的风险。

2. 审查合同对方主体的获利能力、偿债能力和营运能力等履约能力是否符合要求，是否存在财务风险和信用风险。

3. 审查合同对方主体是否为中标通知书中的中标单位，是否存在授权委托代理人、技术服务代理资格不合法合规，或转授权、超授权的现象。

（四）核心知识点

1. 《政府采购货物和服务招标投标管理办法》（财政部令第 87 号）第十七条规定：采购人、采购代理机构不得将投标人的注册资本、资产总额、营业收入、从业人员、利润、纳税额等规模条件作为资格要求或者评审因素，也不得通过将除进口货物以外的生产厂家授权、承诺、证明、背书等作为资格要求，对投标人实行差别待遇或者歧视待遇。

2. 《政府采购货物和服务招标投标管理办法》（财政部令第 87 号）第六十条规定：评标委员会认为投标人的报价明显低于其他通过符合性审查投标人的报价，有可能影响产品质量或者不能诚信履约的，应当要求其在评标现场合理的时间内提供书面说明，必要时提交相关证明材料；投标人不能证明其报价合理性的，评标委员会应当将其作为无效投标处理。

3. 《政府采购货物和服务招标投标管理办法》（财政部令第 87 号）第七十五条规定：采购人应当加强对中标人的履约管理，并按照采购合同约定，及时向中标人支付采购资金。对于中标人违反采购合同约定的行为，采购人应当及时处理，依法追究其违约责任。

（五）案例

甲单位于 2022 年与 A 公司签订专利代理合同，A 公司所委托的专利代理人未提供相应资质。

审计分析：经查询国家知识产权局专利代理管理官方网站（http://dlgl.cnipa.gov.cn/），该专利代理人不具备专利代理资质。

三、合同谈判审计

审查单位相关谈判制度是否完善，委托代理采购及单位内部谈判流程是否合法合规，谈判结果是否按单位要求审批确认，谈判过程材料是否妥善留存并在合同条款中合理体现。合同条款的确定应符合平等原则、自愿原则、公平原则、诚实信用原则、合法原则、禁止权利滥用原则等原则。当事人订立的合同应当满足不违反法律规定、意思表示真实、具有相应行为能力等条件。

（一）审计目标

目标1：审查合同谈判是否合法合规，符合单位的相关制度

目标2：审查合同谈判内容是否在合同条款中有所体现并保持一致

（二）审计依据

《政府采购非招标采购方式管理办法》（财政部令第74号）、《政府采购竞争性磋商采购方式管理暂行办法》（财库〔2014〕214号）、《中华人民共和国人类遗传资源管理条例》（国务院令第717号）等法律法规及政策性文件；政府采购项目招标投标文件、评标报告、单位采购过程文件、供应商提供的承诺文件等。

（三）审计内容及要点

1. 通过调阅采购意向文件、招标文件等审查合同谈判前准备是否拟采购的服务项目充分调研，拟实施的服务内容是否符合国家产业政策和法律法规要求。

2. 通过调阅采购过程文件审查合同谈判时是否对谈判对手情况进行充分调查和了解。如：对技术性强或涉及敏感内容的技术服务采购项目是否组织相关技术及法务专家参与谈判工作，避免单位在谈判中处于不利地位或利益受损。

3. 通过调阅投标文件、评标报告、供应商提供的承诺文件等，审查是否存在合同谈判不独立或谈判内容未体现在合同条款内的情况。如服务方案内人员配置、服务时间等关键信息模糊或缺失；合同内容和条款拟订缺

乏合理性、严密性、完整性、明确性，或文字表述不严谨等，合同标的、数量、金额、质量标准、履行期限等实质性条款设置不合理或未准确表达谈判结果等，对后续执行造成重大误解。

（四）核心知识点

《中华人民共和国政府采购法实施条例》第四十一条规定：评标委员会、竞争性谈判小组或者询价小组成员应当按照客观、公正、审慎的原则，根据采购文件规定的评审程序、评审方法和评审标准进行独立评审。采购文件内容违反国家有关强制性规定的，评标委员会、竞争性谈判小组或者询价小组应当停止评审并向采购人或者采购代理机构说明情况。

（五）案例

甲单位在拟采购的保洁服务招标文件中仅对总服务人数、服务时长及辅助设备种类和数量进行了要求，并未针对不同区域制定服务方案要求，致使中标服务商人员划分区域设置不合理，无法满足甲单位保洁工作需求。

审计分析：保洁服务招标内容应针对行政、医疗、科研、后勤等不同区域设置针对性保洁方案要求，以满足不同分工区域的保洁需求。因招标文件的失误未对不同区域进行有针对的划分，无法满足实际需要。甲单位应依据谈判纪要和谈判成果文件，就谈判过程中的谈判内容查询相对应的法律依据，对谈判结果是否准确进行合理判断。

四、合同内容审计

合同内容是合同条款的具体体现，是合同主体在合同中约定的权利义务。一般应包括合同主体的名称、住所、标的、数量、质量、价款或报酬、履行期限、地点和方式、违约责任、解决争议的方法等内容。合同内容审计是合同管理审计中的重要一环，主要审查合同内容是否合法、是否恰当。

如通过公开招标、邀请招标等政府采购形式采购的服务，合同实质性条款应与采购文件保持一致。合同内容审计查阅合同主要文件及相关附件、招标投标文件、评标报告、中标通知书等过程资料。针对第三方服务合同，应对服务外包的范围、外包业务年限、安全、质量、验收、赔付以及监控等方面进行严格规定；调查是否存在服务价格设置不科学的情况、是否明确约定合同主体各自的风险与违约条款、业务界面划分、责任义务划分、服务供应商的服务范围、服务方案、服务时间等重要条款。

合同主体在订立合同时，要力争做到用词准确，表达清楚，约定明确，避免产生歧义。对合同条款的拟订或审查，不仅要注重文字的表述，还要注重条款的实质内容。合同内容审计一般为签订完成后审计，有的单位要求在事前、事中审计，但也应在相关负责部门审核完成后再进行审计，可以查看各负责部门在合同内容的审核上是否认真履职。

（一）审计目标

目标1：审查服务采购合同内容是否符合国家相关法律法规及有关政策、制度规定

目标2：审查服务采购合同内容是否完整、全面，是否根据拟采购服务的特性制定针对性条款

目标3：审查服务合同条款用词是否准确，避免产生歧义

（二）审计依据

《中华人民共和国民法典》《政府采购促进中小企业发展管理办法》（财库〔2020〕46号）等法律法规及政策性文件；单位前期采购文件、供应商承诺、合同文本等。

（三）审计内容及要点

1. 通过调阅前期采购文件及合同文本等，审查合同实质性条款与前期采购文件是否一致，有无违反国家相关法律法规。

2. 审核合同内容是否根据拟采购的服务项目的特性制定针对性条款。如服务方案、验收方式、款项支付方式、满意度评价等。

3. 审查合同内容是否存在重大疏漏和欺诈，导致合同存在风险隐患。

（四）核心知识点

1. 技术服务合同指当事人一方以技术知识为另一方解决特定技术问题所订立的合同，不包括建设工程合同和承揽合同。其中"特定技术问题"，是指需要运用科学技术知识解决专业技术工作中有关改进产品结构、改良工艺流程、提高产品质量、降低产品成本、节约资源能耗、保护资源环境、实现安全操作、提高经济效益和社会效益等问题。主要包括：

（1）技术辅助服务合同，是指当事人一方利用科技知识为另一方解决特定专业技术问题所订立的合同。

（2）技术中介合同，又称技术中介服务合同，是指一方当事人为另一方当事人提供订立技术合同的机会或者作为订立技术合同的媒介的合同。

（3）技术培训合同，又称技术培训服务合同，是指一方当事人为另一方当事人所指定的人员进行特定技术培养和训练的。

2. 技术服务类采购合同的识别可参考司法解释释义，符合下列条件的，可以认定为技术服务合同：

（1）合同的标的是运用专业技术知识、经济和信息解决特定技术问题的项目。

（2）服务内容是改进产品结构、改良工艺流程、提高产品质量、降低产品成本、节约资源能耗、保护资源环境、实现安全操作、提高经济效益和社会效益等专业技术工作。

（3）工作成果有具体质量和数量指标。

（4）技术知识的传递不涉及专利和技术秘密成果的权属。

3. 技术开发合同是当事人之间就新技术、新产品、新工艺、新品种或者新材料及其系统的研究开发所订立的合同。技术开发合同包括委托开发合同和合作开发合同。技术开发合同应当采用书面形式。当事人之间就具有实用价值的科技成果实施转化订立的合同，参照适用技术开发合同的有关规定。

4. 技术开发合同作为技术合同的一类，包括合作开发合同和委托开发合同。合作开发合同是当事人各方就共同进行研究开发工作所订立的技术开发合同。委托开发合同是一方当事人委托另一方当事人进行研究开发工作并提供相应研究开发经费和报酬所订立的技术开发合同。

合作开发合同当事人双方应当按照约定进行投资，包括以技术进行投资、分工参与研究开发工作和协作配合研究开发工作。其中，分工参与研究开发工作是合作开发合同与委托开发合同最本质的区别。一般来说，委托开发合同的委托方是不参与合同标的研发工作的，其主要义务是按照合同约定支付研究开发经费和报酬，提供技术资料、原始数据，完成协作事项，接受研究开发成果。而研究开发方则要承担全部研究开发工作，即按照约定制定和实施研究开发计划；按期完成研究开发工作，交付研究开发成果，提供有关的技术资料和必要的技术指导，帮助委托人掌握研究开发成果。合作开发合同则不同：合作的双方不仅要按照约定进行投资，而且都要参与研究开发工作，双方可以有不同的分工，但不能只有一方承担研究开发任务，另一方只负责支付研究开发经费和报酬。可见，双方是否分工参与研究开发工作，是区分合作开发合同与委托开发合同的核心。

5. 药物临床试验是指任何在人体（病人或健康志愿者）进行的药物的系统性研究，以证实或发现试验药物的临床、药理和/或其他药效学方面的作用、不良反应和/或吸收、分布、代谢及排泄，目的是确定试验药物的安全性和有效性。

（五）案例

1. 甲单位与 A 公司签订的激光设备维保服务中约定，"乙方应定期对合同内约定设备进行上门巡检"。

审计分析：甲单位与 A 公司签订的合同内容不明确。上述约定中未明确上门巡检周期，甲单位应根据实际需求与 A 公司商定上门巡检周期，并在合同中明确体现。

2. 乙单位与 B 公司签订 X 信息系统运维服务合同，服务周期 2 年。合同约定 B 公司提供驻场人员服务，但未约定驻场服务具体条款。合同履行期间 B 公司驻场人员经常离岗、不能及时满足乙单位服务要求。

审计分析：乙单位与 B 公司签订的合同内容不明确。乙单位应核对 B 公司的服务方案与承诺，并于合同内针对具体服务方案、服务时间及相应违约惩罚措施等重要条款进行明确约定，保证合同约定内容符合单位实际使用要求。

五、合同审批审计

合同审批审计通过查阅合同审批会签流程记录（审批表/会签表）单位（部门）领导的合同签批意见等过程资料，审查是否建立合同会签审批制度，审批人是否按照审批权限履行审签会签职责，是否发生未经授权或者超越权限审批的情形；审批建议是否经过修改后重新执行会签流程。

（一）审计目标

审查合同审批是否合法合规，符合单位相关制度规定。

（二）审计依据

单位内部控制制度、单位合同管理制度等。

（三）审计内容及要点

1. 通过调阅单位相关制度及合同审批流程文件，审查合同审核人员是否未能发现或者未能及时发现合同文本中的不当内容和条款，为单位造成损失。

2. 审查合同文本拟订人和合同审核人是否存在责任划分不清，缺乏有效沟通和协调，导致合同审核人发现不当的合同内容、条款未能予以纠正等情况发生。

（四）核心知识点

合同主办部门在合同会签时，应当附该合同项目立项、预算及采购过程资料等作为合同启动依据，重要经济合同应提供前期可行性论证资料，合同会签部门和归口管理部门有权要求补充有关资料。

（五）案例

甲单位与 A 公司于 2022 年 3 月签订外包保洁服务合同，合同金额 90 万元。2023 年 3 月合同到期，甲单位总务处批准合同续签后签订新合同。

审计分析：甲单位与 A 公司签订的合同金额较大，未按照单位

"三重一大"议事规则进行审批,未进行集体决策便批准合同续签,不符合单位内控管理相关规定。如申请续签应按重大经济事项进行集体决策后执行相应程序。

六、合同签署审计

合同签署应按照合同最终文本约定的数量,打印最终文本。根据合同约定,由双方法定代表人或其授权代表人签字并加盖合同专用章或公章签署。单位对外签订经济合同,原则上应当使用合同专用章。合同附件是合同文件的组成部分,应当与合同正文一并签署。合同文本上应当有签署的日期。政府采购合同签署期限应满足相关法律法规要求。

(一)审计目标

审查合同签署是否合法合规,是否符合单位相关制度规定

(二)审计依据

《中华人民共和国民法典》《中华人民共和国政府采购法》等法律法规及政策性文件;单位内部控制制度、单位合同管理制度等。

(三)审计内容及要点

1. 调阅合同会签表、合同文本等文件,关注是否存在未经授权或者越权签署的合同。

2. 调阅单位合同管理制度,关注合同印章使用、保管是否妥当,是否存在对不符合管理程序的合同加盖了合同印章的情况。

3. 关注合同主体内容是否存在未标明附件内容与数量,或未按要求签署日期等情况。

(四)核心知识点

合同主办部门负责盖章前对合同双方的有效签字或签章等进行审核,并负有确保盖章合同文本与经合同审批通过的文本完全一致的责任。

(五) 案例

甲单位与 A 公司签订技术服务合同日期为 2020 年 6 月 1 日，甲单位的合同会签审批日期为 2020 年 6 月 15 日。

审计意见：合同服务日期不得早于合同会签日期。

第三节

服务采购类合同履行阶段审计

一、合同履行监控审计

合同履行监控审计范围包括进入合同履行状态至合同办结的所有合同。审查是否建立合同履行监督审查制度；合同履行情况是否实施有效监控，是否通过有效检查、分析和验收，确保合同全面有效履行。

（一）审计目标

目标1：审查单位是否具有完善的合同履行管理制度

目标2：审查单位是否明确合同履行的责任人或部门及相关职责

目标3：审查合同是否有效、全面履行

（二）审计依据

《中华人民共和国民法典》《中华人民共和国政府采购法》《政府采购信息发布管理办法》（财政部令第101号）、《政府采购框架协议采购方式管理暂行办法》（财政部令第110号）、《财政部关于进一步加强政府采购需求和履约验收管理的指导意见》（财库〔2016〕205号）等法律法规及政策性文件；单位内部控制制度、单位合同管理制度等。

（三）审计内容及要点

1. 调阅单位相关制度，审查是否明确合同履行部门，是否对合同履行具有有效监督，是否存在未按照合同约定履行合同，或未能及时发现已经存在或可能导致单位利益受到损失的情况。

2. 通过调阅服务内容记录单、服务确认单、满意度调查表等合同履行记录，审查合同履行、验收是否严格到位，保证合同履行的质量。

（1）技术服务合同应关注合同对方主体是否按照合同约定按时并保质保量完成技术服务，是否解决了单位的技术问题，并传授相应解决技术问题的知识。

（2）第三方服务合同应关注合同对方主体是否按照合同约定的详细服务方案提供服务，服务人员、服务时间及服务方式是否满足合同单位需求，单位是否设置专人监管服务质量，并通过现场监督、满意度调查等方式对服务质量进行评估与验收。

（四）核心知识点

1. 第三方服务合同的履行管理：单位应在参照第三方服务商的管理制度、服务内容等基础上，制定符合自身特色的服务管理控制措施，保证服务商能够在特定的标准和制度下来履行自身的职责和义务。

2. 第三方服务的质量管理：单位归口管理部门应根据合同约定，做好单位和服务供应商之间的沟通、对接工作，并帮助协调服务供应商解决服务过程中遇到的问题。单位可指定专门的小组人员，定期或不定期跟进项目的开展进度和实施情况，评估服务供应商的履约能力。

3. 第三方服务的评价机制：当第三方服务项目的期限快到时，单位归口管理部门的相关人员应总结服务供应商的合同履行情况，并进行相应测验、评估和验收。必要时，第三方服务项目的执行情况可与归口部门绩效考核挂钩。

4.《中华人民共和国民法典》第八百八十五条规定：技术咨询合同、技术服务合同履行过程中，受托人利用委托人提供的技术资料和工作条件完成的新的技术成果，属于受托人。委托人利用受托人的工作成果完成的新的技术成果，属于委托人。当事人另有约定的，按照其约定。

（五）案例

甲单位与 A 公司签订全单位保洁服务合同，甲单位总务处记录 A 公司完成了全院的日常保洁、服务工作，基本满足了医院的卫生保洁、服务工作的需要。审计过程中发现，根据合同约定 A 公司在岗工作人员应为 103 人，实际在岗人数一般低于 90 人，多处存在人员配备不足现象。

审计分析：甲单位应根据合同条款对 A 公司的合同履行情况进行监督。A 公司实际在岗人数低于合同约定人数，未严格依据合同约定履行合同，甲单位对 A 公司合同履行情况监督不到位，致使甲单位未追究 A 公司违约责任。如按在岗人员月工资计算，甲单位向 A 公司多支付了款项，对单位造成了损失。

二、合同变更、解除、终止审计

查阅合同变更的补充条款、合同转让、合同解除、合同终止等补充协议、终止协议、会议纪要等相关资料。审查对于合同没有约定或约定不明确的内容是否通过双方协商一致或按照国家相关法律法规进行补充；审计变更或解除合同是否按规定程序及时报告并办理变更或解除程序；合同转让与终止是否履行相关程序并及时通知合同归口管理、财务等相关部门妥善处理后续事项；合同主体提出终止、解除合同造成单位经济损失的，是否向合同主体书面提出索赔。

（一）审计目标

目标 1：审查合同实质内容发生变更，是否按相关规定执行补充或变更程序，合同无法继续履行的，是否按相关规定执行解除或终止程序

目标 2：审查合同变更的补充内容是否合法合规，是否符合原合同变更需求

（二）审计依据

《中华人民共和国民法典》《中华人民共和国政府采购法》《政府采购框架协议采购方式管理暂行办法》（财政部令第110号）等法律法规及政策性文件；单位内部控制制度、单位合同管理制度等。

（三）审计内容及要点

调阅单位合同变更的补充、合同解除、合同终止记录，合同生效后，发现合同条款中约定的权利义务不明确，审查是否及时与对方协商沟通签订补充、变更协议，是否影响主合同的正常履行。

审查是否存在合同变更等内容或条款未经相应的程序，导致合同补充行为不当的情况；审查是否存在终止未达到终止条件的合同，以及合同终止未办理相关手续等情况。

（四）核心知识点

1. 《中华人民共和国民法典》第五百四十四条规定：当事人对合同变更的内容约定不明确的，推定为未变更。

2. 《中华人民共和国民法典》第九百四十九条规定：物业服务合同终止的，原物业服务人应当在约定期限或者合理期限内退出物业服务区域，将物业服务用房、相关设施、物业服务所必需的相关资料等交还给业主委员会、决定自行管理的业主或者其指定的人，配合新物业服务人做好交接工作，并如实告知物业的使用和管理状况。

（五）案例

1. 甲单位A科室因不满意单位提供的专利代理公司，与B公司私下协商，签订了专利代理合同。

审计分析：业务的确定需要有集体决策机制的同意，有合同流转环节的审核。业务部门不得跳过合同流转环节自行与第三方公司签订有关合同。

2. 乙单位与B公司在签订技术服务合同时，附有价格浮动协议说明，约定鉴于价格涨跌不定的因素，故技术服务价格随市场价格做相应调整。审计发现合同约定基准价格为 2 748 元/例，查看官网平均价格为 2 047 元/例，价格整体下浮 25.53%，依据补充协议内容服务商技术服务价格应下浮 10%。乙单位按补充协议在对价格随市场变动而调整确认时，因涉及同期税率调整，未能就不含税价与 B 公司达成一致。导致后续数期履约中存在大量违反合同约定延期付款的情况。

审计分析：乙单位合同变更协议程序合规执行较好，但合同变更涉及关键复杂条款，如价格随市场调整机制，该条款实质产生与原合同规定的提前且定额交款条款的冲突，由于补充协议中就随行就市定价机制的具体交款时间、价格确定、违约责任等约定不够细致，导致双方存在定价争议风险。

三、合同结算审计

合同结算审计应查阅合同付款条款、财务收取或支付款项票据。审查财务部门是否根据合同履行情况办理价款结算和进行账务处理；财务部门与合同归口管理部门是否定期进行核对，确保按合同约定及时结算相关价款；未按照合同条款履约的，是否履行报告职责。

（一）审计目标

目标 1：审查是否依据合同结算货款
目标 2：审查款项支付材料是否齐全

（二）审计依据

《保障中小企业款项支付条例》（国务院令第 728 号）、《政府采购促进中小企业发展管理办法》（财库〔2020〕46 号）等法律法规及政策性文件；单位内部控制制度、单位合同管理制度等。

（三）审计内容及要点

1. 调阅支出凭证等材料，关注是否存在未完成合同约定的支付条款即支付合同款项的情况，关注是否存在逾期支付合同款项的情况。

2. 调阅单位采购相关材料，审查价款结算及账务处理相关材料是否齐全。

（四）核心知识点

1. 《中华人民共和国民法典》第五百六十七条规定：合同的权利义务关系终止，不影响合同中结算和清理条款的效力。

2. 《保障中小企业款项支付条例》第八条规定：机关、事业单位从中小企业采购货物、工程、服务，应当自货物、工程、服务交付之日起30日内支付款项；合同另有约定的，付款期限最长不得超过60日。

（五）案例

甲单位与A公司签订的技术服务合同中包含100例外显子测序，并约定所有测序结果拿到验收报告后支付全部款项。在其中80例外显子测序完成验收后，甲单位向A公司支付全部款项。

审计分析：甲单位应按合同约定完成全部技术服务验收后，再支付款项。

四、合同纠纷审计

合同纠纷审计应查阅合同纠纷处理文件、仲裁书或诉讼书等相关资料。审查合同发生纠纷是否建立合同纠纷处理机制，是否明确合同纠纷处理办法及相关审批权限和处理责任；是否收集对方违约行为的证据，安约定追究对方违约责任。

（一）审计目标

目标1：审查是否建立有效的合同纠纷处理机制，及时采取有效措施防止纠纷扩大和发展

目标2：审查产生纠纷后，是否及时按程序报告合同纠纷和拟采取的对策，是否与对方有效协商合同纠纷解决办法，合同纠纷解决办法是否得到授权

（二）审计依据

《中华人民共和国民法典》等法律法规及政策性文件；单位内部控制制度、单位合同管理制度、合同文本、合同履行过程文件等。

（三）审计内容及要点

1. 调阅合同文本、验收文件、合同履行文件、变更文件等，审查是否存在未及时按照合同约定追究对方违约责任，导致单位利益受损的情况。

单位发现合同相对方违约时，应当严格按照合同的约定处理，必要时在法定或者约定的期限内向对方提出异议。未经单位集体决策同意，单位内各部门不得擅自放弃应有的权利。单位内合同履行部门未按照合同约定履行义务，应当及时通知并会同相关职能部门采取有效措施，避免或者减少损失。单位合同履行部门对发生争议的合同应当及时处理，防止超过诉讼时效。

2. 审查是否存在未经单位授权审批，擅自做出实质性答复或承诺的情况。

（四）核心知识点

《中华人民共和国民法典》第五百九十三条规定：当事人一方因第三人的原因造成违约的，应当依法向对方承担违约责任。当事人一方和第三人之间的纠纷，依照法律规定或者按照约定处理。

（五）案例

甲单位与A事务所签订服务合同，约定A事务所向甲单位提供法律咨询服务，并明确具体委托事项、收费方式等内容。A事务所指派人员提供服务后要求甲单位支付服务费用。甲单位则主张服务合同中的收费约定违反相关收费管理办法，且A事务所指派人员缺乏执业资质，故双方发生纠纷。

审计分析： A事务所在合同服务中不应额外收取费用，同时，应提供具有相应资质的人员进行技术服务。

第四节

服务采购类合同后评价管理审计

延伸合同后评价管理审计，目的是识别合同潜在风险，完善合同管理。查阅合同资信体系、合同单位信用评价、履约情况动态汇总等合同档案和动态管理资料，审计是否按照合同条款约定行使双方的权利，承担应尽的义务，合同是否达到了预定目的，实现预期效益。

一、审计目标

审查是否对合同履约方的履约能力进行评价并实行动态管理

二、审计依据

单位内部控制制度、单位合同管理制度、合同文本、合同履行过程文件（如服务满意度调查表、合同履行期间资质审核记录表）等。

三、审计内容及要点

调阅合同全过程资料，关注是否建立合同资信体系，是否对服务采购合同主体履约能力实施动态管理和总体评价；是否建立信用单位白名单和黑名单，并针对进入名单的服务供应商建立相应的奖励/惩罚机制。

四、核心知识点

建立后评价反馈与共享机制：建立以后评价反馈为整改依据的动态管理机制，提高招标采购及合同管理监管效果。

五、案例

甲单位与 A 公司签订专利代理合同，约定期间单位产生的所有专利交由 A 公司全权负责相关事宜。合同执行期间，陆续有课题组反映 A 公司未按要求提供相应专利查询和缴费等工作，造成部分专利过期，并与甲单位产生纠纷。

审计分析：针对 A 公司合同履行中出现的问题，甲单位应进行相应记录与评估，并根据评估结果确认是否将其列入单位信用黑名单内。

第五节

服务采购类合同档案管理审计

通过查阅合同档案管理制度、合同全过程文件、合同归档台账等文件，审计是否对合同进行登记管理、是否定期对合同进行统计、分类和归档，是否详细登记合同的订立、履行和变更情况，是否规范合同管理工作人员职责，是否做好合同信息安全保密工作。服务采购类合同档案应包含单位对服务供应商的定期履约能力评价、阶段性验收、满意度调查等详细履行情况记录。

一、审计目标

目标1：审查单位合同归档制度是否健全

目标2：审查是否存在未按归档制度将全部合同材料归档的情况

二、审计依据

单位内部控制制度、单位合同管理制度等。

三、审计内容及要点

调阅单位合同归档制度，结合合同前期谈判文件、合同审批文件、承诺书、合同书、合同变更、终止文件材料、合同归档台账等文件，查看服务采购合同档案是否覆盖合同履行期间全部过程资料，归档内容是否齐全。

在中国政府采购网（www.ccgp.gov.cn）查看政府采购合同是否按要求进行备案与公示。

四、核心知识点

1. 《政府采购货物和服务招标投标管理办法》（财政部令第87号）第七十六条规定：采购人、采购代理机构应当建立真实完整的招标采购档案，妥善保存每项采购活动的采购文件。

2. 《中华人民共和国政府采购法实施条例》第五十条规定：采购人应当自政府采购合同签订之日起2个工作日内，将政府采购合同在省级以上人民政府财政部门指定的媒体上公告，但政府采购合同中涉及国家秘密、商业秘密的内容除外。

五、案例

甲单位B课题组与A公司签订技术服务合同，服务期满后，B课题组将所有合同材料自行保存。

审计分析： 依据单位合同档案管理制度，合同全部内容应该交由合同归口部门管理归档。

第六章 医疗卫生行业重点类别合同管理审计——建设工程及相关服务类

第六章 医疗卫生行业重点类别合同管理审计——建设工程及相关服务类

《中华人民共和国民法典》规定，建设工程合同是承包人进行工程建设，发包人支付价款的合同。建设工程合同包括工程勘察、设计、施工合同。在实际工作中，一个建设项目的实施需要涉及确定招标代理服务、工程造价咨询、全过程跟踪审计服务、设计、监理、施工等一系列经济活动，因此，本章包含建设工程合同及相关服务类合同，主要有施工合同、设计合同、勘察合同、监理合同、造价咨询合同、招标代理合同。

合同的管理和执行贯穿于整个项目建设周期，合同的管理和执行是否科学、合理、规范，是否维护合同当事人的合法权益，直接影响到建设项目工程造价管理。因此，合同审查尤为关键，不仅能在很大程度上防范项目建设的风险，还能提高项目建设管理的效率。尤其是对合同专用条款的约定进行准确、清晰、全面细致的描述，尽可能涵盖履行过程中可能产生的所有问题。

第一节 建设工程及相关服务类合同签订前立项阶段审计

建设项目可以分为申请中央资金的建设项目、申请财政项目资金的建设项目、申请利用自有资金的建设项目。申请中央资金的建设项目需要由国家卫生健康委员会审批或审核后转报国家发展改革委审批，获得批准后方可实施。审批环节应包括项目建议书、可行性研究报告、初步设计和投资概算及调整等。申请财政项目资金的建设项目应具有项目申报书、专家论证报告及预算主管部门的预算批复。申请利用自有资金的建设项目应按照单位流程（公开招标、竞争性磋商等）、集体决策流程（如院（所）长办公会议、党委会议等）及预算主管部门的预算批复。立项审批审计主要是对立项批示文件的完整性和资金来源进行确认。

一、审计目标

目标1：确认建设项目立项审批文件的完整性

目标2：确认建设项目资金来源是否落实

二、审计依据

《中央预算内直接投资项目管理办法》（国家发展和改革委员会令2014年第7号）、《中央预算内直接投资项目概算管理暂行办法》（发改投资〔2015〕482号）、《公立医院内部控制管理办法》（国卫财务发〔2020〕31号）、《中华人民共和国招标投标法》《中华人民共和国招标投标法实施条例》《基本建设财务规则》（财政部令第81号）等国家有关法律、行政法规和财务规章制度。

三、审计内容和要点

调阅建设项目前期资料，包括项目建议书、可行性研究报告、投资概算、项目批复等资料。

1. 审查申请中央资金的建设项目是否取得国家发展改革委的审批手续，手续是否齐全。是否严格按照国家发展改革委的批复文件开展招投标工作。

2. 审查申请财政项目资金的建设项目是否取得国家卫生健康委的审批手续，手续是否齐全。

3. 审查申请利用自有资金的建设项目是否具有预算主管部门的批复。

4. 审查是否制定医院的基本建设项目管理制度，基本建设项目管理制度是否完善。

四、核心知识点

1.《中央预算内直接投资项目概算管理暂行办法》（发改投资〔2015〕482号）第二条规定：中央预算内直接投资项目，是指国家发展改革委安排中央预算内投资建设的中央本级（包括中央部门及其派出机构、垂直管理单位、所属事业单位）非经营性固定资产投资项目。

2.《中央预算内直接投资项目管理办法》（国家发展和改革委员会令2014

年第 7 号）第三条规定：直接投资项目实行审批制，包括审批项目建议书、可行性研究报告、初步设计。情况特殊、影响重大的项目，需要审批开工报告。

3.《中央预算内直接投资项目管理办法》（中华人民共和国国家发展和改革委员会令第 7 号）第四条规定：申请安排中央预算内投资 3 000 万元及以上的项目，以及需要跨地区、跨部门、跨领域统筹的项目，由国家发展改革委审批或者由国家发展改革委委托中央有关部门审批，其中特别重大项目由国家发展改革委核报国务院批准；其余项目按照隶属关系，由中央有关部门审批后抄送国家发展改革委。

按照规定权限和程序批准的项目，国家发展改革委在编制年度计划时统筹安排中央预算内投资。

4.《基本建设财务规则》（财政部令第 81 号）第八条规定：建设资金是指为满足项目建设需要筹集和使用的资金，按照来源分为财政资金和自筹资金。其中，财政资金包括一般公共预算安排的基本建设投资资金和其他专项建设资金，政府性基金预算安排的建设资金，政府依法举债取得的建设资金，以及国有资本经营预算安排的基本建设项目资金。

5.《中华人民共和国招标投标法》第九条规定：招标项目按照国家有关规定需要履行项目审批手续的，应当先履行审批手续，取得批准。招标人应当有进行招标项目的相应资金或者资金来源已经落实，并应当在招标文件中如实载明。

6.《公立医院内部控制管理办法》（国卫财务发〔2020〕31 号）第二十条规定：预算管理情况。包括在预算编制过程中医院内部各部门之间沟通协调是否充分；预算编制是否符合本单位战略目标和年度工作计划；预算编制与资产配置是否相结合、与具体工作是否相对应；是否按照批复的额度和开支范围执行预算，进度是否合理，是否存在无预算、超预算支出等问题；决算编报是否真实、完整、准确、及时等。

7.《基本建设财务规则》（财政部令第 81 号）第十二条规定：项目建设单位在决策阶段应当明确建设资金来源，落实建设资金，合理控制筹资成本。

五、案例

1. 甲医院拟申请中央预算内直接投资项目 10 000 万元新建门诊大

楼，启动建设项目招标工作前尚未得到批复。

审计分析： 根据《中央预算内直接投资项目管理办法》第四条规定："申请安排中央预算内投资3 000万元及以上的项目，以及需要跨地区、跨部门、跨领域统筹的项目，由国家发展改革委审批或者由国家发展改革委委托中央有关部门审批，其中特别重大项目由国家发展改革委核报国务院批准；其余项目按照隶属关系，由中央有关部门审批后抄送国家发展改革委。"甲医院应严格执行相关法律法规，对拟申请中央预算内直接投资项目为3 000万元及以上的项目，先由国家发展改革委审批或者由国家发展改革委委托中央有关部门审批，再开展建设项目相关工作，避免未得到审批就开展项目的招投标工作。

2. 工程建设项目实施需要有国家发展改革委的《工程总体发展建设规划批复》。

审计分析： 根据《国家卫生健康委员会属（管）单位基本建设管理办法》第十六条规定："实行审批管理的委属（管）单位建设项目应当按照国家有关规定报送国家卫生健康委员会，由国家卫生健康委员会审批或审核后转报国家发展改革委审批，获得批准后方可实施。"

第二节

建设工程及相关服务类合同订立阶段审计

一、筹划管理审计

筹划管理主要是指建设工程项目批复之后、开工之前的工作安排，筹划管理审计主要指开工前所涉及的报批报建手续是否办理完成，是否合法合规开展建设工程招投标工作；是否根据批复内容开展建设工程项目建设；是否依法依规以及按照单位流程和制度管理建设工程项目。

（一）审计目标

目标 1：审查开工前工作是否准备完成

目标 2：审查相关手续是否依法依规

目标 3：审查是否符合单位管理流程

（二）审计依据

《中央预算内直接投资项目管理办法》《中央预算内直接投资项目概算管理暂行办法》《中华人民共和国建筑法》《公立医院内部控制管理办法》《必须招标的工程项目规定》（国家发展和改革委员会令第 16 号）等国家法律法规规定和要求。

（三）审计内容及要点

调阅建设项目批复文件、建设用地规划许可证、建设工程规划类许可证、建筑工程施工许可证、单位基本建设项目管理制度等。

1. 审查拟开展的建设项目是否遵循单位总体规划要求。
2. 审查拟建设项目内容是否与立项批复文件一致。
3. 审查开工前应该由国家相关行政审批部门依法依规做出的行政审批事项是否已经办理完成。
4. 审查应当实行备案管理的事项是否已经将项目信息告知项目备案机关。
5. 审查是否按照批复文件规定依法组织开展招投标工作。

（四）核心知识点

1. 《中央预算内直接投资项目管理办法》（国家发展和改革委员会令 2014 年第 7 号）第二十四条规定：直接投资项目应当依法办理相关手续，在具备国家规定的各项开工条件后，方可开工建设。对于按照可行性研究报告批复文件的规定需要审批开工报告的项目，应当在开工报告批准后方可开工建设。

2. 《中央预算内直接投资项目管理办法》第二十五条规定：直接投资项目的招标采购，按照《招标投标法》等有关法律法规规定办理。从事直接投资项目招标代理业务的招标代理机构，应当具备中央投资项目招标代理资格。

3. 《中央预算内直接投资项目概算管理暂行办法》（发改投资〔2015〕482号）第三条规定：概算由国家发展改革委在项目初步设计阶段委托评审后核定。概算包括国家规定的项目建设所需的全部费用，包括工程费用、工程建设其他费用、基本预备费、价差预备费等。编制和核定概算时，价差预备费按年度投资价格指数分行业合理确定。

4. 《中央预算内直接投资项目概算管理暂行办法》第五条规定：经核定的概算应作为项目建设实施和控制投资的依据。项目主管部门、项目单位和设计单位、监理单位等参建单位应当加强项目投资全过程管理，确保项目总投资控制在概算以内。

5. 《中央预算内直接投资项目概算管理暂行办法》第十三条规定：项目初步设计及概算批复核定后，应当严格执行，不得擅自增加建设内容、扩大建设规模、提高建设标准或改变设计方案。确需调整且将会突破投资概算的，必须事前向国家发展改革委正式申报；未经批准的，不得擅自调整实施。

6. 《公立医院内部控制管理办法》第二十条规定：建设项目管理情况。包括是否实行建设项目归口管理；是否按照概算投资实施基本建设项目；是否严格履行审核审批程序；是否建立有效的招投标控制机制；是否存在截留、挤占、挪用、套取建设项目资金的情形；是否按照规定保存建设项目相关档案并及时办理移交手续等。

7. 《必须招标的工程项目规定》（国家发展和改革委员会令第16号）第五条规定：本规定第二条至第四条规定范围内的项目，其勘察、设计、施工、监理以及与工程建设有关的重要设备、材料等的采购达到下列标准之一的，必须招标：（一）施工单项合同估算价在400万元人民币以上；（二）重要设备、材料等货物的采购，单项合同估算价在200万元人民币以上；（三）勘察、设计、监理等服务的采购，单项合同估算价在100万元人民币以上。同一项目中可以合并进行的勘察、设计、施工、监理以及与工程建设有关的重要设备、材料等的采购，合同估算价合计达到前款规定标准的，必须招标。

8.《最高人民法院关于审理建设工程施工合同纠纷案件适用法律问题的解释（一）》（法释〔2020〕25号）第三条规定：当事人以发包人未取得建设工程规划许可证等规划审批手续为由，请求确认建设工程施工合同无效的，人民法院应予支持，但发包人在起诉前取得建设工程规划许可证等规划审批手续的除外。

9.《中华人民共和国建筑法》第七条规定：建筑工程开工前，建设单位应当按照国家有关规定向工程所在地县级以上人民政府建设行政主管部门申请领取施工许可证；但是，国务院建设行政主管部门确定的限额以下的小型工程除外。按照国务院规定的权限和程序批准开工报告的建筑工程，不再领取施工许可证。

10.《中华人民共和国建筑法》第九条规定：建设单位应当自领取施工许可证之日起三个月内开工。因故不能按期开工的，应当向发证机关申请延期；延期以两次为限，每次不超过三个月。既不开工又不申请延期或者超过延期时限的，施工许可证自行废止。

（五）案例

为规避招标，甲医院2021年将门诊楼的改建扩建工程拆分成医疗区施工项目、行政办公区施工项目和强弱电改造施工项目。

审计分析：根据《建设工程质量管理条例》第七条规定："建设单位不得将建设工程肢解发包。"甲医院应严格执行相关法律法规，避免将建设工程肢解分包。

二、合同调查审计

合同调查主要是对工程咨询单位、评估单位、招标代理单位、勘察单位、设计单位、施工单位、监理单位等拟签订合同的主体情况进行了解和分析，审查合同主体资质是否符合要求，确认合同主体的履约能力。

(一) 审计目标

目标 1：确认合同主体资质资信情况

目标 2：确认合同主体是否具备履约能力

(二) 审计依据

《中华人民共和国民法典》《中华人民共和国建筑法》《建设工程质量管理条例》《建设工程安全生产管理条例》《最高人民法院关于审理建设工程施工合同纠纷案件适用法律问题的解释（一）》等国家相关法律、法规和规定。

(三) 审计内容及要点

通过查阅项目的招投标文件、中标通知书等资料文件，根据不同项目的实际特点及具体情况，审查合同主体资质是否合格、是否具备履约能力。具体如下：

1. 建设工程施工合同（以下简称"施工合同"）：审查承包人是否具备与本工程相应的资质等级，是否设立项目管理机构，配备满足项目需要的专业技术人员和管理人员，是否提供类似业绩。

2. 建设工程设计合同（以下简称"设计合同"）：审查设计人是否具备与本工程相应的资质等级，是否具有类似业绩，是否配备满足项目需要的专业技术人员。

3. 建设工程勘察合同（以下简称"勘察合同"）：审查勘察人是否具备与本工程相应的资质等级，是否具有类似业绩，是否配备满足项目需要的专业技术人员。

4. 建设工程监理合同（以下简称"监理合同"）：审查监理人是否具备与本工程相应的资质等级，监理人是否与施工承包单位没有隶属关系或者其他利害关系；审查是否配备满足工程需要的项目监理机构和人员。

5. 工程建设项目招标代理合同（以下简称"招标代理合同"）：审查是否据有从事招标代理业务的营业场所和相应资金，是否具备编制招标文件和组织评标的相应专业力量。

6. 建设工程造价咨询合同（以下简称"咨询合同"）：审查是否具有类似项目业绩，是否根据项目的实际特点合理配备项目咨询团队。

（四）核心知识点

1. 《中华人民共和国建筑法》第十三条规定：从事建筑活动的建筑施工企业、勘察单位、设计单位和工程监理单位，按照其拥有的注册资本、专业技术人员、技术装备和已完成的建筑工程业绩等资质条件，划分为不同的资质等级，经资质审查合格，取得相应等级的资质证书后，方可在其资质等级许可的范围内从事建筑活动。

2. 《建设工程质量管理条例》第七条规定：建设单位应当将工程发包给具有相应资质等级的单位。建设单位不得将建设工程肢解发包。

3. 《建设工程质量管理条例》第十二条规定：实行监理的建设工程，建设单位应当委托具有相应资质等级的工程监理单位进行监理，也可以委托具有工程监理相应资质等级并与被监理工程的施工承包单位没有隶属关系或者其他利害关系的该工程的设计单位进行监理。

4. 《建设工程质量管理条例》第十八条规定：从事建设工程勘察、设计的单位应当依法取得相应等级的资质证书，并在其资质等级许可的范围内承揽工程。

禁止勘察、设计单位超越其资质等级许可的范围或者以其他勘察、设计单位的名义承揽工程。禁止勘察、设计单位允许其他单位或者个人以本单位的名义承揽工程。

5. 《建设工程质量管理条例》第十九条规定：勘察、设计单位必须按照工程建设强制性标准进行勘察、设计，并对其勘察、设计的质量负责。

注册建筑师、注册结构工程师等注册执业人员应当在设计文件上签字，对设计文件负责。

6. 《建设工程质量管理条例》第二十五条规定：施工单位应当依法取得相应等级的资质证书，并在其资质等级许可的范围内承揽工程。

禁止施工单位超越本单位资质等级许可的业务范围或者以其他施工单位的名义承揽工程。禁止施工单位允许其他单位或者个人以本单位的名义承揽工程。施工单位不得转包或者违法分包工程。

7.《建设工程质量管理条例》第三十四条规定：工程监理单位应当依法取得相应等级的资质证书，并在其资质等级许可的范围内承担工程监理业务。

禁止工程监理单位超越本单位资质等级许可的范围或者以其他工程监理单位的名义承担工程监理业务。禁止工程监理单位允许其他单位或者个人以本单位的名义承担工程监理业务。工程监理单位不得转让工程监理业务。

8.《建设工程质量管理条例》第五十四条规定：违反本条例规定，建设单位将建设工程发包给不具有相应资质等级的勘察、设计、施工单位或者委托给不具有相应资质等级的工程监理单位的，责令改正，处50万元以上100万元以下的罚款。

9.《最高人民法院关于审理建设工程施工合同纠纷案件适用法律问题的解释（一）》（法释〔2020〕25号）第一条规定：建设工程施工合同具有下列情形之一的，应当依据民法典第一百五十三条第一款的规定，认定无效：（1）承包人未取得建筑业企业资质或者超越资质等级的；（2）没有资质的实际施工人借用有资质的建筑施工企业名义的；（3）建设工程必须进行招标而未招标或者中标无效的。

（五）案例

甲医院根据拟开展的改扩建工程需要，要求施工单位具备建筑工程施工总承包一级资质，实际施工单位为建筑工程施工总承包二级资质。

审计分析：根据《建设工程质量管理条例》第七条规定："建设单位应当将工程发包给具有相应资质等级的单位。"甲医院应严格执行相关国家法律法规，避免将工程发包给不具有相应资质等级的单位。

三、合同谈判审计

合同谈判是指为了达成合作或交易，合同当事人就合同中的重大事项或合同分歧进行协商，共同确定合同权利义务的过程。

合同谈判审计主要审查对谈判是否做了充分准备，谈判过程中对重大事项或分歧的处理是否维护了单位利益，谈判结果是否实现谈判的目标。

（一）审计目标

目标 1：审查谈判准备工作是否充足

目标 2：审查谈判过程中单位利益是否被维护

目标 3：审查谈判结果是否实现既定的目标

（二）审计依据

《中华人民共和国民法典》《中华人民共和国建筑法》《中华人民共和国招标投标法》《中华人民共和国招标投标法实施条例》《中华人民共和国政府采购法》等相关国家法律、法规和规章制度。

（三）审计内容及要点

调阅建设项目的招投标文件、对方主体资质资信、谈判记录、会议纪要等。

1. 审查谈判准备工作是否充足，是否提前了解谈判内容，是否根据谈判主题提前查找资料，制订好谈判计划和目标，商讨谈判策略。

2. 谈判过程和谈判结果是否维护了单位利益。

3. 如果是经过公开招标，审查谈判结果是否不违背招标文件主要内容。

4. 审查谈判记录是否清晰、完整。

（四）核心知识点

《中华人民共和国民法典》第四百七十条规定：合同的内容由当事人约定，一般包括下列条款："（1）当事人的姓名或者名称和住所；（2）标的；（3）数量；（4）质量；（5）价款或者报酬；（6）履行期限、地点和方式；（7）违约责任；（8）解决争议的方法。当事人可以参照各类合同的示范文本订立合同。"

四、合同内容审计

合同内容主要是指施工合同、设计合同、勘察合同、监理合同、造价咨询合同、招标代理合同等所涉及的具体条款。一般由合同协议书、通用合同条款和专用合同条款三部分组成。

合同内容审计主要是审查合同文本完善程度，维护合同当事人的合法权益，以降低可能造成的风险，增强合同的可操作性。

（一）审计目标

目标 1：审查合同条款是否合理

目标 2：审查合同内容填写是否完整、准确

（二）审计依据

《中华人民共和国民法典》《中华人民共和国建筑法》《中华人民共和国招标投标法》《中华人民共和国招标投标法实施条例》《中华人民共和国政府采购法》《建设工程勘察设计管理条例》（国务院令第 662 号）、《房屋建筑和市政基础设施项目工程总承包管理办法》（建市规〔2019〕12 号）、《建筑工程施工发包与承包计价管理办法》（建设部令第 107 号）等国家相关法律法规和规章制度。

（三）审计内容及要点

查阅合同文本、招投标资料、谈判资料等，对合同条款的具体内容进行审查。下面分别对施工合同、设计合同、勘察合同、监理合同、咨询合同、招标代理合同做出具体说明。

【建设工程施工合同】

国家制定了统一的建设工程施工合同示范文本，现行有效的示范文本是由住房城乡建设部和工商总局修订的《建设工程施工合同（示范文本）》（GF – 2017 – 0201）（以下简称为《示范文本》）。需要说明的是，《示范文本》为非强制性使用文本，但在实践中，各地行政主管部门要求使用《示范文本》进行备案。

《示范文本》由合同协议书、通用合同条款和专用合同条款三部分组成，内容全面，结构完整。通用合同条款部分属于行业通用规定，一般无

需详细审查。在实际工作中，合同当事人结合建设工程的特点及具体情况，重点审查合同协议书和专用合同条款部分。

合同协议书审计要点

合同协议书共 13 条，重点审查包括工程概况、合同工期、质量标准、签约合同价与合同价格形式等内容。具体如下：

1. 审查"工程概况"：工程名称是否是全称，是否与立项批复文件中的名称一致，是否与招标文件和投标文件中的名称一致；资金来源是否如实填写，政府投资项目是否超出经核定的投资概算，资金是否已经落实到位；工程内容是否与工程承包范围保持一致，如有群体工程，是否填写《承包人承揽工程项目一览表》；工程建设地点、建设规模、建设内容是否符合项目审批、核准、备案要求；

2. 审查"合同工期"：审查是否填写计划开工、竣工日期，是否与工期总日历天数吻合；工期是否合理，总工期及单项工程的工期能否保证项目工期目标的实现。

3. 审查"质量标准"：实践中，质量标准一般为合格，如有特殊要求，也可特别约定。

4. 审查"签约合同价与合同价格形式"：审查招标工程的签约合同价金额是否与中标价格一致；非招标工程的合同价款是否依据审定的工程预算书由发包人、承包人在合同中约定；是否明确合同价格形式为固定价、可调价、成本加酬金。

专用合同条款审计要点

专用合同条款部分，合同当事人可以根据不同建设工程的特点及具体情况，在有横道线的地方针对相应的通用合同条款进行细化、完善、补充、修改或另行约定。如无细化、完善、补充、修改或另行约定，则填写"无"或划"/"，避免直接修改通用合同条款。如果合同当事人选择补充专用合同条款，则重点审查内容如下：

1. 审查"合同价格、计量与支付"：审查工程预付款支付比例、支付时间以及预付款扣回的约定是否明确，是否符合相关规定，包工包料工程的预付款比例是否不低于合同金额的 10%，不高于合同金额的 30%，预付的工程款是否在合同中约定抵扣方式，并在工程进度款中进行抵扣；工程进度款支付的时间、比例是否合理，进度款支付是否不低于已完成工程价款的 80%；是否有控制超付措施。

2. 审查"价格调整"：物价波动引起的价格调整涉及的范围、风险幅度、价格调整办法等内容的约定是否明确；风险调整幅度是否符合规定；约定的调整范围和价格调整办法是否公平公正。

3. 审查"变更"：变更范围、估价原则的约定是否明确，双方是否达成一致意见；是否约定因变更引起的工期变化如何调整。

4. 审查"竣工结算"：审查是否明确合同结算计量计价办法，竣工结算资料提交要求，是否明确质保金扣留比例，扣留比例是否不超 3% 等。

5. 审查"发包人""承包人""监理人"：审查发包人代表信息是否填写完整和准确，对发包人代表的授权范围是否清晰和完善。

审查承包人项目经理是否与投标文件一致，任职资格、权限范围、在施工现场的时间、更换条件及程序是否约定明确，承包人对项目经理的授权范围是否明确并填写完整；审查是否设立项目管理机构，配备相应管理人员，对主要施工管理人员离开施工现场的批准要求和擅自更换主要施工管理人员的违约责任进行明确约定；工程总承包项目经理是否取得相应工程建设类注册执业资格，是否有相似的工程总承包业绩，是否同时在两个或者两个以上工程项目担任工程总承包项目经理、施工项目负责人。

审查允许承包人分包的专业工程是否明确填写；是否要求承包人提供履约担保，以及履约担保的形式、金额和期限。

审查是否明确监理人代表发包人对工程施工相关事项进行检查、查验、审核、验收，并签发相关指示的范围和权限；是否明确总监理工程师和监理工程师的详细信息并填写完整。

6. 审查"缺陷责任期与保修"：审查是否明确工程保修期，约定的工程保修期是否低于法定最低期限，本条款约定的保修期限是否与

《工程质量保修书》保持一致，建设工程的保修期是否自竣工验收合格之日起计算。

7. 审查"违约"：审查发包人和承包人违约责任的承担方式和计算方法的约定是否清晰，是否具有可操作性，承包人和发包人违约责任的约定是否公平。

8. 审查"争议解决"：审查建设工程施工合同纠纷是否为由建设工程所在地有管辖权的人民法院管辖。

【建设工程设计合同】

为了指导建设工程设计合同当事人的签约行为，维护合同当事人的合法权益，住房城乡建设部、工商总局制定了《建设工程设计合同示范文本（房屋建筑工程）》（GF－2015－0209）、《建设工程设计合同示范文本（专业建设工程）》（GF－2015－0210），以下简称《示范文本》。《示范文本》供合同双方当事人参照使用。

《示范文本》由合同协议书、通用合同条款和专用合同条款三部分组成，内容全面，结构完整。通用合同条款既考虑了现行法律法规对工程建设的有关要求，也考虑了工程设计管理的特殊需要，一般无需详细审查。在实际工作中，合同当事人结合建设工程具体情况，重点审查合同协议书和专用合同条款部分。

合同协议书审计要点

合同协议书部分共12条，重点审查工程概况、工程设计范围、阶段与服务内容、工程设计周期、合同价格形式与签约合同价、发包人代表与设计人项目负责人等内容。具体如下：

1. 审查"工程概况"：工程名称是否为全称，是否与立项批复文件中的名称一致，是否与招标文件和投标文件中的名称一致；工程地点是否具体；规划占地面积、总建筑面积、建筑高度是否严格按照国家相关主管部门批复如实填写。

2. 审查"工程设计范围、阶段与服务内容"：是否严格按照国家相关主管部门批复的概算明细如实填写，建设工程设计阶段是否包括但不限于方案设计、初步设计、施工图设计和施工配合阶段。

3. 审查"工程设计周期"：是否在合同中约定设计周期。设计周期是否是设计通知中载明的开始设计日期起算。

4. 审查"签约合同价与合同价格形式"：签约合同价是否与中标价格一致，合同价格形式是否与招投标文件保持一致；合同价格形式是否与招投标文件保持一致。

专用合同条款审计要点

专用合同条款部分，合同当事人可以根据不同建设工程的特点及具体情况，在有横道线的地方针对相应的通用合同条款进行细化、完善、补充、修改或另行约定。如无细化、完善、补充、修改或另行约定，则填写"无"或划"/"，避免直接修改通用合同条款。如果合同当事人选择调整专用合同条款，则重点审查内容如下：

1. 审查"设计人"：审查项目负责人是否与投标文件一致，任职资格、权限范围、在施工现场的时间，更换条件及程序是否明确约定，设计人对项目负责人的授权范围是否填写完整；是否对设计人无正当理由撤换主要设计人员的违约责任进行明确约定；对允许分包的专业工程是否进行明确约定。

2. 审查"工程设计要求"：设计人完成设计工作所遵守的法律法规以及技术标准是否为在基准日期适用的版本；设计人在工程设计中选用的材料、设备是否注明其规格、型号、性能等技术指标，并是否满足质量、安全、节能、环保等要求；工程设计文件的编制是否符合法律、技术标准的强制性规定及合同的约定，设计文件的深度是否满足本合同相应设计阶段的规定要求，是否符合国家和行业现行有效的相关规定；工程设计文件是否保证工程质量、施工安全等方面的要求；工程的合理使用寿命年限是否不低于法定最低年限。

3. 审查"工程设计进度与周期"：工程设计进度计划是否符合一般工程设计时间惯例，是否列明关键性时间节点。

4. 审查"合同价款与支付"：是否考虑风险范围、风险费用的计算方法以及风险范围以外合同价格的调整方法,并对付款周期进行合理约定。是否明确因发包人原因致使设计工作量增加导致的设计费用计算原则和计算方法。

5. 审查"违约":是否明确设计人交付工程设计文件的日期,以便界定设计人逾期交付设计文件的违约责任,发包人和设计人违约责任的承担方式和计算方法的约定是否清晰,是否具有可操作性,承包人和设计人违约责任的约定是否公平。

6. 审查"争议解决":是否明确争议解决办法。

【勘察合同】

为了指导建设工程勘察合同当事人的签约行为,维护合同当事人的合法权益,住房城乡建设部、工商总局制定了《建设工程勘察合同(示范文本)》(GF-2016-0203),以下简称《示范文本》。《示范文本》供合同双方当事人参照使用。

《示范文本》由合同协议书、通用合同条款和专用合同条款三部分组成,内容全面,结构完整。通用合同条款考虑了现行法律法规的规定,就工程勘察的实施及相关事项对合同当事人的权利义务作出的原则性约定,一般无需详细审查。在实际工作中,合同当事人结合建设工程具体情况,重点审查合同协议书和专用合同条款部分。

合同协议书审计要点

合同协议书部分共12条,重点审查工程概况、勘察范围和阶段、技术要求及工作量、合同工期、合同价款等内容。具体如下:

1. 审查"工程概况":工程名称是否是全称,是否与立项批复文件中的名称一致,是否与招标文件和投标文件中的名称一致;工程地点是否具体;工程规模、特征是否严格按照国家相关主管部门批复的工程规模如实填写。

2. 审查"勘察范围和阶段、技术要求及工作量":是否明确勘察范围和各阶段的工作内容,各阶段的勘察文件内容是否准确。

3. 审查"合同工期"：结合项目的周期特点，是否在合同中明确约定成果文件提交的日期。

4. 审查"合同价款"：签约合同价是否与中标价格一致，合同价格形式是否与招投标文件保持一致。

专用合同条款审计要点

专用合同条款部分，合同当事人可以根据不同建设项目的特点及具体情况，在有横道线的地方针对相应的通用合同条款进行细化、完善、补充、修改或另行约定。如无细化、完善、补充、修改或另行约定，则填写"无"或划"/"，避免直接修改通用合同条款。如果合同当事人选择调整专用合同条款，则重点审查内容如下：

1. 审查"适用法律法规、技术标准"：工程勘察文件的编制是否符合法律、技术标准的强制性规定及合同的约定，勘察文件的深度是否满足本合同相应勘察阶段的规定要求，是否符合国家和行业现行有效的相关规定。

2. 审查"发包人"：发包人对发包人代表的授权范围是否明确并填写完整。

3. 审查"勘察人"：是否对分包进行明确约定。特别注意的是：勘察人不得将其承包的全部工程勘察业务转包给第三人，不得将勘察的主体、关键性工作分包给第三人，审查是否对项目负责人的任职资格、权限范围、在施工现场的时间，更换条件及程序进行明确约定。勘察人对勘察人代表的授权范围是否明确并填写完整。

4. 审查"成果验收"：结合项目的实际特点，审查是否对成果验收的期限进行明确约定。

5. 审查"合同价款与支付"：结合项目的实际特点，是否考虑风险范围、风险费用的计算方法以及风险范围以外合同价格的调整方法，并对付款周期进行合理约定。

6. 审查"违约"：重点关注勘察人逾期交付工程勘察文件的违约责任。

7. 审查"争议解决"：是否明确争议解决办法。

第六章 医疗卫生行业重点类别合同管理审计——建设工程及相关服务类

【建设工程监理合同】

为规范建设工程监理活动，维护建设工程监理合同当事人的合法权益，住房城乡建设部、工商总局2012年3月27日制定并颁布了《建设工程委托监理合同（示范文本）》（GF-2012-0202），以下简称《示范文本》，自颁布之日起执行。《示范文本》供合同双方当事人参照执行。

合同协议书和专用合同条款审计要点

在实际工作中，合同当事人结合具体情况，对合同协议书和专用合同条款部分进行补充和完善。重点审查相关服务的范围和内容、监理酬金的支付等具体内容。

1. 审查"工程概况"：工程名称是否与招投标文件、批复文件中的工程名称一致，并应当填写全称；工程规模是否严格按照国家相关主管部门批复的工程规模如实填写，是否与招投标文件保持一致。

2. 审查"总监理工程师"：是否与投标文件中的总监理工程师一致，并与专用合同条款中的内容保持一致。特别注意的是，总监理工程师应由注册监理工程师担任。

3. 审查"签约酬金"：是否与中标价格一致。如有相关服务，相关服务酬金是否明确约定。

4. 审查"期限"：监理期限和相关服务期限是否明确约定，结合项目的实际特点，特别关注的是，非监理人原因造成的时间延长、工作内容增加，监理酬金是否增加。

5. 审查"监理人义务"：监理范围和工作内容是否明确，特别注意：明确收到工程设计文件后编制的监理规划是否由总监理工程师编制，技术负责人负责审核，并在第一次工地会议7天前报送委托人；监理与相关服务依据是否按照适用的法律法规、部门规章、与工程有关的标准、工程设计文件等规定予以明确；结合项目的实际特点，审查是否配备满足工程需要的项目监理机构和人员；根据工作实际，委托人是否需要明确监理人的造价管控的工作内容和责任。

6. 审查"委托人义务"：是否明确委托人代表。

7. 审查"违约责任":是否明确约定监理人过失造成损失时的赔偿金额计算方法。

8. 审查"支付":是否明确监理人的支付申请时间、支付比例、支付金额。

【工程建设项目招标代理合同】

为了加强工程建设项目招标代理市场监管,规范市场行为,建设部、工商总局制定了《工程建设项目招标代理合同示范文本》(GF—2005—0215)(以下简称《示范文本》)。《示范文本》由协议书、通用条款和专用条款组成,签订工程建设项目招标代理合同时,应参照《示范文本》订立合同。

合同协议书和专用合同条款审计要点

在实际工作中,合同当事人应结合具体情况,对合同协议书和专用合同条款部分进行补充和完善。重点审查如下内容:

1. 审查"工程概况":工程名称、规模、总投资额是否与招投标文件、批复文件一致;是否明确招标代理工作范围,如设计、勘察、施工、监理等。

2. 审查"合同价款":是否与投标文件一致。

3. 审查"双方一般权利和义务":是否明确约定需要招标代理工作的具体范围和内容,如是否涵盖项目的招标程序;是否对提交资料的时间进行明确约定;招标代理项目负责人、经办人是否与投标文件保持一致,并填写准确、完整;是否对招标工作的时间和内容及相关咨询服务进行明确约定。

4. 审查"委托代理报酬与收取":是否按照双方的约定对报酬进行收取;是否明确评标专家劳务费由委托人支付或者中标人支付。一般情况下,中央资金和财政项目资金的项目,代理报酬和评标专家劳务费由委托人支付。自有资金的项目,代理报酬和评标专家劳务费由委托人或中标人支付。是否对代理报酬的支付时间进行明确约定。一般情况下，代理报酬的支付时间是项目完成招、评标后将招投标资料移交且提供增值税普通发票后，由委托人或者中标人支付给受托人。

5. 审查"违约、索赔和争议"：委托人违约的具体责任是否涵盖因委托人承担招标时间延期责任和支付代理报酬所应承担的违约责任。受托人违约的具体责任是否涵盖未完成招标工作的咨询服务、泄露招标资料所承担的违约责任。

【建设工程造价咨询合同】

为规范工程造价咨询行业市场秩序，维护工程造价咨询合同当事人合法权益，住房城乡建设部、工商总局制定了《建设工程造价咨询合同（示范文本）》（GF－2015－0212），以下简称《示范文本》。签订工程建设项目造价咨询全过程跟踪审计合同时，参照《示范文本》订立合同。《示范文本》由协议书、通用条款和专用条款三部分组成。

协议书和专用条款审计要点

在实际工作中，合同当事人结合具体情况，对合同协议书和专用合同条款部分进行补充和完善。重点审查如下内容：

1. 审查"工程概况"：工程名称、工程规模、投资金额是否与招投标文件、批复文件一致；是否如实填写资金来源，如政府投资、自筹等等。

2. 审查"服务范围及工作内容"：是否针对不同的服务阶段，列明各服务阶段的服务范围和工作内容。

3. 审查"酬金或计取方式"：是否与中标价格一致，收费标准是否参考建设工程造价行业咨询服务费用计价参考文件。

4. 审查"委托人的义务"：委托人对委托人代表的授权范围是否明确并填写完整。

5. 审查"咨询人的义务"：项目咨询团队的资格条件是否根据项目的实际特点合理配备；咨询人更换项目咨询团队其他咨询人员是否明确约定；项目负责人是否与投标文件保持一致，其授权范围是否明确并填写完整；咨询人向委托人提供有关资料的时间以及提供的资料是否明确约定，咨询人提交的成果文件是否明确约定文件的组成和提交时间；审查咨询人服务适用的技术标准、规范、定额等工作依据是否符合国家和行业现行有效的相关规定。

6. 审查"违约责任"：是否明确双方违约金的计算及支付方法；是否公平。

7. 审查"支付"：是否明确约定酬金的支付次数、支付时间、支付比例、支付金额。

（四）核心知识点

1. 《建设工程施工合同（示范文本）（GF－2017－0201）》适用于房屋建筑工程、土木工程、线路管道和设备安装工程、装修工程等建设工程的施工承发包活动，合同当事人可结合建设工程具体情况，根据《示范文本》订立合同，并按照法律法规规定和合同约定承担相应的法律责任及合同权利义务。

2. 《建设工程设计合同示范文本》分为：《建设工程设计合同示范文本（房屋建筑工程）》（GF－2015－0209）和《建设工程设计合同示范文本（专业建设工程）》（GF－2015－0210）。岩土工程设计也可使用《建设工程设计合同示范文本（专业建设工程）》（GF－2015－0210）。

3. 《建设工程勘察合同》分为：《建设工程勘察合同（一）[岩土工程勘察、水文地质勘察（含凿井）、工程测量、工程物探]》（GF－2015－0203）和《建设工程勘察合同（二）[岩土工程设计、治理、监测]》（GF－2015－0204）。

4. 《中华人民共和国民法典》第七百八十八条规定：建设工程合同是承包人进行工程建设，发包人支付价款的合同。建设工程合同包括工程勘察、设计、施工合同。

5. 《中华人民共和国民法典》第七百八十九条规定：建设工程合同应当采用书面形式。

6. 《中华人民共和国民法典》第七百九十一条规定：发包人可以与总

承包人订立建设工程合同，也可以分别与勘察人、设计人、施工人订立勘察、设计、施工承包合同。发包人不得将应当由一个承包人完成的建设工程支解成若干部分发包给数个承包人。总承包人或者勘察、设计、施工承包人经发包人同意，可以将自己承包的部分工作交由第三人完成。第三人就其完成的工作成果与总承包人或者勘察、设计、施工承包人向发包人承担连带责任。承包人不得将其承包的全部建设工程转包给第三人或者将其承包的全部建设工程支解以后以分包的名义分别转包给第三人。禁止承包人将工程分包给不具备相应资质条件的单位。禁止分包单位将其承包的工程再分包。建设工程主体结构的施工必须由承包人自行完成。

7. 《中华人民共和国民法典》第七百九十二条规定：国家重大建设工程合同，应当按照国家规定的程序和国家批准的投资计划、可行性研究报告等文件订立。

8. 《中华人民共和国民法典》第七百九十五条规定：施工合同的内容一般包括工程范围、建设工期、中间交工工程的开工和竣工时间、工程质量、工程造价、技术资料交付时间、材料和设备供应责任、拨款和结算、竣工验收、质量保修范围和质量保证期、相互协作等条款。

9. 《中华人民共和国民法典》第七百九十六条规定：建设工程实行监理的，发包人应当与监理人采用书面形式订立委托监理合同。发包人与监理人的权利和义务以及法律责任，应当依照本编委托合同以及其他有关法律、行政法规的规定。

10. 《中华人民共和国民法典》第八百零一条规定：因施工人的原因致使建设工程质量不符合约定的，发包人有权请求施工人在合理期限内无偿修理或者返工、改建。经过修理或者返工、改建后，造成逾期交付的，施工人应当承担违约责任。

11. 《中华人民共和国民法典》第八百零二条规定：因承包人的原因致使建设工程在合理使用期限内造成人身损害和财产损失的，承包人应当承担赔偿责任。

12. 《中华人民共和国民法典》第八百零六条规定：承包人将建设工程转包、违法分包的，发包人可以解除合同。

13. 《中华人民共和国建筑法》第十五条规定：建筑工程的发包单位

与承包单位应当依法订立书面合同，明确双方的权利和义务。发包单位和承包单位应当全面履行合同约定的义务。不按照合同约定履行义务的，依法承担违约责任。

14.《中华人民共和国建筑法》第十八条规定：建筑工程造价应当按照国家有关规定，由发包单位与承包单位在合同中约定。公开招标发包的，其造价的约定，须遵守招标投标法律的规定。发包单位应当按照合同的约定，及时拨付工程款项。

15.《中华人民共和国建筑法》第二十四条规定：提倡对建筑工程实行总承包，禁止将建筑工程肢解发包。建筑工程的发包单位可以将建筑工程的勘察、设计、施工、设备采购一并发包给一个工程总承包单位，也可以将建筑工程勘察、设计、施工、设备采购的一项或者多项发包给一个工程总承包单位；但是，不得将应当由一个承包单位完成的建筑工程肢解成若干部分发包给几个承包单位。

16.《中华人民共和国建筑法》第二十五条规定：按照合同约定，建筑材料、建筑构配件和设备由工程承包单位采购的，发包单位不得指定承包单位购入用于工程的建筑材料、建筑构配件和设备或者指定生产厂、供应商。

17.《中华人民共和国建筑法》第二十六条规定：禁止建筑施工企业超越本企业资质等级许可的业务范围或者以任何形式用其他建筑施工企业的名义承揽工程。禁止建筑施工企业以任何形式允许其他单位或者个人使用本企业的资质证书、营业执照，以本企业的名义承揽工程。

18.《中华人民共和国建筑法》第二十九条规定：建筑工程总承包单位可以将承包工程中的部分工程发包给具有相应资质条件的分包单位；但是，除总承包合同中约定的分包外，必须经建设单位认可。施工总承包的，建筑工程主体结构的施工必须由总承包单位自行完成。建筑工程总承包单位按照总承包合同的约定对建设单位负责；分包单位按照分包合同的约定对总承包单位负责。总承包单位和分包单位就分包工程对建设单位承担连带责任。禁止总承包单位将工程分包给不具备相应资质条件的单位。禁止分包单位将其承包的工程再分包。

19.《中华人民共和国建筑法》第三十一条规定：实行监理的建筑工

程，由建设单位委托具有相应资质条件的工程监理单位监理。建设单位与其委托的工程监理单位应当订立书面委托监理合同。

20.《中华人民共和国建筑法》第三十四条规定：工程监理单位应当在其资质等级许可的监理范围内，承担工程监理业务。工程监理单位应当根据建设单位的委托，客观、公正地执行监理任务。工程监理单位与被监理工程的承包单位以及建筑材料、建筑构配件和设备供应单位不得有隶属关系或者其他利害关系。工程监理单位不得转让工程监理业务。

21.《中华人民共和国招标投标法》第十三条规定：招标代理机构是依法设立、从事招标代理业务并提供相关服务的社会中介组织。招标代理机构应当具备下列条件：（1）有从事招标代理业务的营业场所和相应资金；（2）有能够编制招标文件和组织评标的相应专业力量。

22.《中华人民共和国招标投标法》第四十六条规定：招标人和中标人应当自中标通知书发出之日起三十日内，按照招标文件和中标人的投标文件订立书面合同。招标人和中标人不得再行订立背离合同实质性内容的其他协议。招标文件要求中标人提交履约保证金的，中标人应当提交。

23.《中华人民共和国招标投标法实施条例》第二条规定：招标投标法第三条所称工程建设项目，是指工程以及与工程建设有关的货物、服务。前款所称工程，是指建设工程，包括建筑物和构筑物的新建、改建、扩建及其相关的装修、拆除、修缮等；所称与工程建设有关的货物，是指构成工程不可分割的组成部分，且为实现工程基本功能所必需的设备、材料等；所称与工程建设有关的服务，是指为完成工程所需的勘察、设计、监理等服务。

24.《中华人民共和国政府采购法》第二十条规定：采购人依法委托采购代理机构办理采购事宜的，应当由采购人与采购代理机构签订委托代理协议，依法确定委托代理的事项，约定双方的权利义务。

25.《建设工程勘察设计管理条例》（国务院令第 662 号）第二条规定：建设工程设计，是指根据建设工程的要求，对建设工程所需的技术、经济、资源、环境等条件进行综合分析、论证，编制建设工程设计文件的活动。

26.《建设工程勘察设计管理条例》第八条规定：建设工程勘察、设计单位应当在其资质等级许可的范围内承揽建设工程勘察、设计业务。禁止建设工程勘察、设计单位超越其资质等级许可的范围或者以其他建设工程勘察、设计单位的名义承揽建设工程勘察、设计业务。禁止建设工程勘察、设计单位允许其他单位或者个人以本单位的名义承揽建设工程勘察、设计业务。

27.《建设工程勘察设计管理条例》第二十条规定：建设工程勘察、设计单位不得将所承揽的建设工程勘察、设计转包。

28.《建设工程勘察设计管理条例》第二十一条规定：承包方必须在建设工程勘察、设计资质证书规定的资质等级和业务范围内承揽建设工程的勘察、设计业务。

29.《建筑工程施工发包与承包计价管理办法》（建设部令第107号）第十二条规定：合同价可以采用以下方式：（1）固定价。合同总价或者单价在合同约定的风险范围内不可调整。（2）可调价。合同总价或者单价在合同实施期内，根据合同约定的办法调整。（3）成本加酬金。

30.《建设工程价款结算暂行办法》（财建〔2004〕369号）第六条规定：招标工程的合同价款应当在规定时间内，依据招标文件、中标人的投标文件，由发包人与承包人（以下简称'发、承包人'）订立书面合同约定。非招标工程的合同价款依据审定的工程预（概）算书由发、承包人在合同中约定。合同价款在合同中约定后，任何一方不得擅自改变。

31.《建设工程价款结算暂行办法》（财建〔2004〕369号）第十二条规定：工程预付款结算应符合下列规定：（1）包工包料工程的预付款按合同约定拨付，原则上预付比例不低于合同金额的10%，不高于合同金额的30%，对重大工程项目，按年度工程计划逐年预付。计价执行《建设工程工程量清单计价规范》（GB50500—2003）的工程，实体性消耗和非实体性消耗部分应在合同中分别约定预付款比例。（2）在具备施工条件的前提下，发包人应在双方签订合同后的一个月内或不迟于约定的开工日期前的7天内预付工程款，发包人不按约定预付，承包人应在预付时间到期后10天内向发包人发出要求预付的通知，发包人收到通知后仍不按要求预付，承包人可在发出通知14天后停止施工，发包人应从约定应付之日起向承包人支付应付款的利息（利率按同期银行贷款利率计），并承担违约责任。（3）预付的工程款必须在合同中约定抵扣方式，并在工程进度款中进行抵扣。(4) 凡是没有签订合同或不具备施工条件的工程，发包人不得预付工程款，不得以预付款为名转移资金。

32.《房屋建筑和市政基础设施项目工程总承包管理办法》（建市规〔2019〕12号）第十九条规定：工程总承包单位应当设立项目管理机构，设置项目经理，配备相应管理人员，加强设计、采购与施工的协调，完善和优化设计，改进施工方案，实现对工程总承包项目的有效管理控制。

33.《房屋建筑和市政基础设施项目工程总承包管理办法》（建市规〔2019〕12号）第二十条规定：工程总承包项目经理应当具备下列条件：（1）取得相应工程建设类注册执业资格，包括注册建筑师、勘察设计注册工程师、注册建造师或者注册监理工程师等；未实施注册执业资格的，取得高级专业技术职称；（2）担任过与拟建项目相类似的工程总承包项目经理、设计项目负责人、施工项目负责人或者项目总监理工程师；（3）熟悉工程技术和工程总承包项目管理知识以及相关法律法规、标准规范；（4）具有较强的组织协调能力和良好的职业道德。

工程总承包项目经理不得同时在两个或者两个以上工程项目担任工程总承包项目经理、施工项目负责人。

34.《房屋建筑和市政基础设施项目工程总承包管理办法》（建市规〔2019〕12号）第二十六条规定：建设单位和工程总承包单位应当加强设计、施工等环节管理，确保建设地点、建设规模、建设内容等符合项目审批、核准、备案要求。

政府投资项目所需资金应当按照国家有关规定确保落实到位，不得由工程总承包单位或者分包单位垫资建设。政府投资项目建设投资原则上不得超过经核定的投资概算。

（五）案例

1. X单位在组织实施新建大楼期间，未严格履行合同和计量支付程序，在施工合同约定的范围外，以超进度的方式向施工单位支付工程款0.5亿元。

审计分析：根据《国家卫生健康委员会（属）管单位基本建设管理办法》第四十七条规定："委属（管）单位要按照有关规定编制工

程用款计划，并根据合同约定、技术变更、经济洽商等资料，严格审查施工单位工程款拨付申请，按实际进度和工程价款结算程序支付工程款。严禁超进度支付工程款，也不得随意扣减或拖延工程款。"严禁超进度支付工程款，也不得随意扣减或拖延工程款。X 单位应严格执行相关国家法律法规，避免超进度支付行为所产生的风险，进一步提高建设资金的使用效率。

2. X 单位在签订《建设工程监理合同》时，合同条款中未对监理的责任、监理人承担违约进行明确约定。

审计分析：根据《中华人民共和国建筑法》第三十五条规定："工程监理单位不按照委托监理合同的约定履行监理义务，对应当监督检查的项目不检查或者不按照规定检查，给建设单位造成损失的，应当承担相应的赔偿责任。"X 单位应严格执行相关国家法律法规，在签订合同时，明确对专用条件部分监理人的范围和内容，违约责任进行明确约定，避免给建设单位造成损失。

3. M 审计局对 X 单位新建工程审计时，发现该工程违反国家规定进行分包。对承包该工程的基础施工及部分钢结构下料、焊接进行了分包，未报经建设单位和监理单位批准。

审计分析：根据《中华人民共和国建筑法》第二十九条规定："建筑工程总承包单位可以将承包工程中的部分工程发包给具有相应资质条件的分包单位；但是，除总承包合同中约定的分包外，必须经建设单位认可。施工总承包的，建筑工程主体结构的施工必须由总承包单位自行完成。"X 单位应严格执行相关国家法律法规，应督促监理单位加强对总承包可将部分工程发包给分包单位的管理。避免将工程违法分包。

4. 审计部门对 X 单位综合楼工程设计合同进行审查时，发现部分内容和要求与招标文件不符。对照经办部门提供的招标文件和设计合同，发现在招标文件中要设计单位进行限额设计，而设计合同中没有该条款。

审计分析：根据《国家卫生健康委员会（属）管单位基本建设管理办法》第二十七条规定："委属（管）单位对概算管理负主要责任。项目初步设计及概算批复核定后，委属（管）单位必须严格按照批复文件实施建设项目，不得擅自改变；应当严格依照核定的概算投资，要求设计单位实行限额设计。"设计阶段作为工程造价的关键阶段，限额设计是进行造价控制的主要手段之一，在招标文件中已明确需进行限额设计。因此，设计合同中必须在相应的条款中明确约定。X 单位应严格执行国家法律法规，避免未按照批复文件实施建设项目。

五、合同审批审计

合同审批是指各职能部门和人员按照单位合同管理制度要求履行审批职能及职责。合同审批审计主要是审查审批流程是否得到执行、是否按照前期建议和要求完善合同内容。

（一）审计目标

目标1：审查合同审批流程是否有效执行
目标2：审查合同内容是否按照修改意见完善

（二）审计依据

《公立医院内部控制管理办法》、单位合同管理制度。

（三）审计内容

调阅单位合同管理制度、岗位职责等资料。

1. 审查合同经办部门是否按照招投标文件和前期修改意见完善合同内容，并填写完整。特别注意合同名称、价格形式、支付方式、结算方式、订立时间、履约期限、违约责任、争议解决的方式等内容是否填写准确。

2. 审查是否履行合同会签或审批流程，相关人员是否在授权范围内行使职权、办理业务。

3. 审查是否存在合同倒签问题。

（四）核心知识点

1. 《公立医院内部控制管理办法》第二十条规定：建设项目管理情况。包括是否实行建设项目归口管理；是否按照概算投资实施基本建设项目；是否严格履行审核审批程序；是否建立有效的招投标控制机制；是否存在截留、挤占、挪用、套取建设项目资金的情形；是否按照规定保存建设项目相关档案并及时办理移交手续等。

2.《公立医院内部控制管理办法》第二十五条规定：医院应当加强关键岗位人员的管理和业务培训，明确岗位职责和业务流程，关键岗位人员应当具备与其工作岗位相适应的资格和能力，建立定期轮岗机制。

医院内部控制关键岗位主要包括：运营管理、预算管理、收支管理、采购管理、医保结算管理、资产管理、基建项目管理、合同管理、绩效奖金核算管理、人力资源与薪酬管理、医教研防业务管理以及内部监督管理等。

3.《公立医院内部控制管理办法》第三十二条规定：基本建设业务内部控制。(1) 医院应当建立健全基本建设项目管理制度，建立项目议事决策机制、项目工作机制、项目审核机制和项目考核监督机制。(2) 明确建设项目决策机构、归口管理部门、财务部门、审计部门、资产部门等为部相关部门在建设项目管理中的职责权限。(3) 合理设置建设项目管理岗位，明确岗位职责权限，确保项目建议和可行性研究与项目决策、概预算编制与审核、项目实施与价款支付、竣工决算与竣工审计等不相容岗位相互分离。(4) 优化建设工程的立项、设计、概预算、招标、建设和竣工决算的工作流程、业务规范，建立沟通配合机制；强化建设工程全过程管理、资金支付控制、竣工决算办理。

（五）案例

甲医院某建设工程项目实际开工日期为2022年3月1日，合同订立时间为2022年3月10日。

审计分析：根据《中华人民共和国民法典》第四百九十条规定："当事人采用合同书形式订立合同的，自当事人均签名、盖章或者按指印时合同成立"。工程项目实际开工日期早于合同签订日期，存在倒签合同现象，甲医院应严格执行相关国家法律法规，避免出现倒签合同的现象。

六、合同签署审计

合同签署是指合同当事人依法订立合同，进行合同签署的法律行为。合同签署审计主要是审查合同签字盖章的有效性以及合同签署要素是否明确。

(一) 审计目标

目标1：确认合同签字盖章的有效性

目标2：确认合同签署要素，包括签订时间和地点是否明确

(二) 审计依据

《中华人民共和国民法典》《中华人民共和国建筑法》《中华人民共和国招标投标法》《工程建设项目施工招标投标办法》，单位印章管理制度等。

(三) 审计内容及要点

调阅授权委托书、单位印章管理制度等。

1. 审查在合同签署过程中，经办部门是否超越权限签署合同。

2. 审查是否由单位法定代表人或者授权代理人签订，如合同由授权代理人签订，是否有书面形式的授权委托书，授权委托书应当载明代理人的姓名或者名称、代理事项、权限和期限，并由被代理人签名或者盖章。

3. 审查合同盖章是否是合法有效的单位公章或者合同专用章。

4. 审查签订多页合同时，是否加盖骑缝章。

5. 审查是否为自中标通知书发出之日起30日内，订立书面合同。

(四) 核心知识点

1. 《中华人民共和国民法典》第四百九十条规定：当事人采用合同书形式订立合同的，自当事人均签名、盖章或者按指印时合同成立。在签名、盖章或者按指印之前，当事人一方已经履行主要义务，对方接受时，该合同成立。

2. 《中华人民共和国招标投标法》第四十六条规定：招标人和中标人应当自中标通知书发出之日起三十日内，按照招标文件和中标人的投标文件订立书面合同。招标人和中标人不得再行订立背离合同实质性内容的其他协议。招标文件要求中标人提交履约保证金的，中标人应当提交。

3.《工程建设项目施工招标投标办法》第六十二条规定：招标人和中标人应当自中标通知书发出之日起三十日内，按照招标文件和中标人的投标文件订立书面合同。招标人和中标人不得再行订立背离合同实质性内容的其他协议。

（五）案例

审计部门对 X 单位新建病房楼工程施工合同进行审查时，发现未在中标通知书规定的期限内签订该工程施工合同。

审计分析： 根据《中华人民共和国招标投标法》第四十六条规定："招标人和中标人应当自中标通知书发出之日起三十日内，按照招标文件和中标人的投标文件订立书面合同。招标人和中标人不得再行订立背离合同实质性内容的其他协议。"上述做法也违反了《工程建设项目施工招标投标办法》第六十二条规定："招标人和中标人应当在投标有效期内并在自中标通知书发出之日起三十日内，按照招标文件和中标人的投标文件订立书面合同。招标人和中标人不得再行订立背离合同实质性内容的其他协议。"X 单位应严格执行相关国家法律法规，经办部门应加强在合理的时间内完成合同的签订工作。避免出现未在中标通知书规定的期限内签订合同。

第三节

建设工程及相关服务类合同履行阶段审计

一、履行监控审计

合同履行主要是指合同当事人按照合同约定行使合同权利并履行合同

义务，以完成合同目的的行为。履行监控审计主要是对履行内容与合同中关于权利义务的约定是否一致进行审计。

（一）审计目标

目标1：确认是否按照合同约定履行合同

目标2：确认是否建立合同履行监督审查机制

（二）审计依据

《中华人民共和国建筑法》《国家卫生健康委员会属（管）单位基本建设管理办法》，基本建设项目管理制度。

（三）审计内容及要点

调阅合同及相关附件，基本建设项目管理制度、相关技术资料、验收记录等。

1. 审查发包人是否按照合同约定履行约定的义务。包括是否在发包前完成项目审批、核准或备案程序；是否在发包前完成水文地质、工程地质、地形等勘察工作；在规定时间内做好施工准备工作；是否及时办理开工许可证等；是否保护设计人的知识产权；建设工程竣工后，发包人应当根据施工图纸及说明书、国家颁发的施工验收规范和质量检验标准及时进行验收；是否按照合同约定及时完成资金的支付工作；是否按照规定在工程竣工验收后3个月内向建设档案管理机构报送建筑工程档案。

2. 审查施工单位、监理单位、勘察单位、设计单位等是否按照合同约定履行约定的义务。包括：

施工单位是否将其承包的全部建筑工程转包他人，或者将其承包的全部建筑工程肢解以后以分包的名义分别转包给他人；施工单位是否根据约定建立相适应的组织机构和配备相应管理人员；施工单位是否执行安全生产责任制度，采取有效措施，防止伤亡和其他安全生产事故的发生；施工单位是否按照有关环境保护和安全生产的法律、法规的规定，采取控制和处理施工现场的各种粉尘、废气、废水、固体废物以及噪声、振动对环境的污染和危害的措施；施工单位在施工过程中，是否存在偷工减料行为，是否按照工程设计要求、施工技术标准和合同的约定，对建筑材料、建筑构配件和设备进行检验，不合格的不使用；施工单位交付竣工验收的建筑工程，是否符合规定的建筑工程质量标准，是否有完整的工程技术经济资料和经签署的工程保修书，是否具备国家规定的竣工条件；施工单位是否在保修期内严格履行保修义务。

监理单位是否将其监理业务转让给其他监理单位；是否客观、公正地执行监理任务；监理单位是否按照合同约定，对应当监督检查的项目按照规定检查。是否依照法律、行政法规及有关的技术标准、设计文件和建筑工程承包合同，对承包单位在施工质量、建设工期和建设资金使用等方面，代表建设单位实施监督；工程监理人员认为工程施工不符合工程设计要求、施工技术标准和合同约定的，是否提出让建筑施工企业改正；工程监理人员发现工程设计不符合建筑工程质量标准或者合同约定的质量要求的，是否报告建设单位要求设计单位改正。

建筑工程的勘察、设计单位必须对其勘察、设计的质量负责。勘察、设计文件是否符合有关法律、行政法规的规定和建筑工程质量、安全标准、建筑工程勘察、设计技术规范以及合同的约定。勘察单位在编制勘察文件时，应当满足国家规定的勘察深度要求，并满足建设工程规划、选址、设计、岩土治理和施工的需要。设计单位在设计文件选用的建筑材料、建筑构配件和设备，是否注明其规格、型号、性能等技术指标，其质量要求是否符合国家规定的标准。对设计文件选用的建筑材料、建筑构配件和设备，不得指定生产厂家、供应商。

招标代理机构是否根据合同约定配备招标代理专业技术人员，人员能力是否满足要求；在招标过程中，是否依法执业，严格保密，是否遵循利益回避和有序竞争原则；是否按照合同约定提供招标代理服务并完成标的物的招标工作；招标工作结束后，是否完成档案管理工作；是否按照合同约定收取酬金。

工程造价咨询单位（工程造价编制单位和全过程跟踪审计单位）是否按照合同约定配备项目人员，并满足项目需求；是否按照合同约定完成各类成果文件的编制、审核、审定和修改；工程造价咨询成果文件的内容、格式、深度和精度等要求是否符合工程造价咨询合同的要求以及国家和行业相关规定。

3. 审查对于无法按时履行或者履行合同有困难时，是否及时采取应对措施。

（四）核心知识点

1. 《中华人民共和国建筑法》第十五条规定：建筑工程的发包单位与承包单位应当依法订立书面合同，明确双方的权利和义务。发包单位和承包单位应当全面履行合同约定的义务。不按照合同约定履行义务的，依法承担违约责任。

2. 《中华人民共和国建筑法》第十八条规定：发包单位应当按照合同的约定，及时拨付工程款项。

3. 《中华人民共和国建筑法》第二十八条规定：禁止承包单位将其承包的全部建筑工程转包给他人，禁止承包单位将其承包的全部建筑工程肢解以后以分包的名义分别转包给他人。

4. 《中华人民共和国建筑法》第三十二条规定：建筑工程监理应当依照法律、行政法规及有关的技术标准、设计文件和建筑工程承包合同，对承包单位在施工质量、建设工期和建设资金使用等方面，代表建设单位实施监督。

工程监理人员认为工程施工不符合工程设计要求、施工技术标准和合同约定的，有权要求建筑施工企业改正。

工程监理人员发现工程设计不符合建筑工程质量标准或者合同约定的质量要求的，应当报告建设单位要求设计单位改正。

5. 《中华人民共和国建筑法》第三十七条规定：建筑工程设计应当符合按照国家规定制定的建筑安全规程和技术规范，保证工程的安全性能。

（五）案例：

甲医院在零修工程结算中，未及时支付中小企业价款。

审计分析：根据《保障中小企业款项支付条例》第八条规定："机关、事业单位从中小企业采购货物、工程、服务，应当自货物、工程、服务交付之日起30日内支付款项。合同另有约定的，付款期限最长不得超过 60 日。"甲医院应严格执行相关国家法律法规，在规定期限内及时支付工程款项，避免未在规定期限内及时向中小企业支付工程款项。

二、合同变更、转让、解决、终止审计

合同在履行过程中可能会因为原合同未予约定或约定不明确而对合同内容加以补充，或者因为出现主客观因素变化或实际情况变化而需要对原合同进行变更、解除、终止等情形。

合同变更、转让、终止审计主要是审查补充合同、变更、解除、终止的恰当性。

（一）审计目标

确认合同变更、转让、终止的合理性

（二）审计依据

最高人民法院《关于审理建设工程施工合同纠纷案件适用法律问题的解释（一）》（法释〔2020〕25 号）。

（三）审计内容及要点

调阅原合同、合同履行过程中的材料、合同变更审批程序、变更后合同等。

1. 审查合同变更、转让时，当事人是否协商达成一致，是否就内容约定明确。

2. 审查合同终止时，是否具备合同终止条件。

3. 审查合同变更时，是否与原合同实质内容冲突。

4. 审查签订补充合同时，是否体现所依附的原合同，是否注明补充合同与原合同的效力级别问题。

5. 审查发生合同变更时，是否及时按照规定程序办理，是否注明变更内容与原合同的效力级别问题。

6. 审查合同解除时，是否有必要解除合同，是否及时办理合同解除程序，行使合同解除权时是否及时通知对方。

（四）核心知识点

1. 《中华人民共和国民法典》第八百零六条规定：承包人将建设工程转包、违法分包的，发包人可以解除合同。

2. 《中华人民共和国民法典》第五百四十三条规定：当事人协商一致，可以变更合同。

3. 《中华人民共和国民法典》第五百四十四条规定：当事人对合同变更的内容约定不明确的，推定为未变更。

4. 《建设工程价款结算暂行办法》（财建〔2004〕369号）第九条规定：承包人应当在合同规定的调整情况发生后14天内，将调整原因、金额以书面形式通知发包人，发包人确认调整金额后将其作为追加合同价款，与工程进度款同期支付。发包人收到承包人通知后14天内不予确认也不提出修改意见，视为已经同意该项调整。当合同规定的调整合同价款的调整情况发生后，承包人未在规定时间内通知发包人，或者未在规定时间内提出调整报告，发包人可以根据有关资料，决定是否调整和调整的金额，并书面通知承包人。

5. 《建设工程价款结算暂行办法》第十条规定：工程设计变更价款调整：（1）施工中发生工程变更，承包人按照经发包人认可的变更设计文件，进行变更施工，其中，政府投资项目重大变更，需按基本建设程序报批后方可施工。（2）在工程设计变更确定后14天内，设计变更涉及工程价款调整的，由承包人向发包人提出，经发包人审核同意后调整合同价款。变更合同价款按下列方法进行：①合同中已有适用于变更工程的价格，按合同已有的价格变更合同价款；②合同中只有类似于变更工程的价格，可以参照类似价格变更合同价款；③合同中没有适用或类似于变更工程的价格，由承包人或发包人提出适当的变更价格，经对方确认后执行。如双方不能达成一致的，双方可提请工程所在地工程造价管理机构进行咨询或按合同约定的争议或纠纷解决程序办理。（3）工程设计变更确定后14天内，如承包人未提出变更工程价款报告，则发包人可根据所掌握的资料决定是否调整合同价款和调整的具体金额。重大工程变更涉及工程价款变更报告和确认的时限由发、承包双方协商确定。

收到变更工程价款报告一方，应在收到之日起 14 天内予以确认或提出协商意见，自变更工程价款报告送达之日起 14 天内，对方未确认也未提出协商意见时，视为变更工程价款报告已被确认。

确认增（减）的工程变更价款作为追加（减）合同价款与工程进度款同期支付。

（五）案例

某单位装修改造工程，聘请设计单位出具了装修设计图，招标确定施工单位后，要求按图施工。后在施工过程中，因建设单位原因改变了部分房间功能及布置，且因该建筑为老旧房屋，原有建筑图、管线图等无法提供，致使施工过程中进行多处设计变更，变更设计面积达原设计方案的 30%。因施工任务紧急，施工过程中未及时完善相关设计变更过程资料。

审计分析：根据该单位基建/修缮工程管理办法中设计变更相关条款，以及住建部、国家工商行政管理总局制定的《建设工程施工合同（示范文本）》相关条款，"承包人收到经发包人签认的变更指示后，方可实施变更"。依据《建设工程价款结算暂行办法》（财建〔2004〕369 号）工程竣工结算审查期限相关规定，该项目未及时进行结算审计。该单位应严格执行相关国家法律法规，在工程实施过程中，按相关政策法规要求先履行设计变更手续，完善设计变更过程资料后再行实施。工程项目结束后，按照相关政策法规要求及时进行结算审计。

三、合同结算审计

建设工程合同结算是建设项目管理工作中较为重要的一部分，合同结算是指在依据基本建设工程施工合同、设计合同、勘察合同、监理合同、造价咨询合同、招标代理合同等进行的预付款、进度款、竣工价款结算的活动。主要审查是否根据合同约定办理结算，以及程序是否规范。

（一）审计目标

目标 1：确认是否按照合同约定办理合同预付款、进度款、竣工结算

价款等结算工作

目标 2：确认合同结算程序是否规范

（二）审计依据

《建设工程质量保证金管理办法》《关于完善建设工程价款结算有关办法的通知》《基本建设项目竣工财务决算管理暂行办法》单位基本建设项目管理制度、单位支出管理办法等。

（三）审计内容及要点

查阅建设项目审批文件，项目财务预算、相关会计凭证、账簿、报表和辅助核算资料，单位基本建设项目管理制度，支出管理办法等。

1. 审查是否按照国家有关法律法规和规章制度、建设行政主管部门或有关部门发布的工程造价计价标准、计价办法等有关规定，结合建设项目合同、补充协议、招投标文件、变更签证以及承发包双方认可的其他有效文件等对工程量、综合单价及各项费用、变更洽商、工程签证、人工和材料价差等费用办理工程价款结算。

2. 审查办理结算的依据是否齐全、流程是否规范、计算是否准确。

3. 审查竣工价款的结算是否在法律法规和单位制度规定的时间内完成。

4. 审查会计核算账目是否准确。

（四）核心知识点

1. 《基本建设财务规则》（财政部令第 81 号）第十条规定：财政资金的支付，按照国库集中支付制度有关规定和合同约定，综合考虑项目财政资金预算、建设进度等因素执行。

2. 《基本建设财务规则》第二十七条规定：工程价款结算是指依据基本建设工程发承包合同等进行工程预付款、进度款、竣工价款结算的活动。

3. 《基本建设财务规则》第二十八条规定：项目建设单位应当严格按照合同约定和工程价款结算程序支付工程款。竣工价款结算一般应当在项目竣工验收后 2 个月内完成，大型项目一般不得超过 3 个月。

4.《基本建设财务规则》第三十条规定：项目主管部门应当会同财政部门加强工程价款结算的监督，重点审查工程招投标文件、工程量及各项费用的计取、合同协议、施工变更签证、人工和材料价差、工程索赔等。

5.《基本建设项目竣工财务决算管理暂行办法》（财建〔2016〕503号）第九条规定：项目竣工决（结）算经有关部门或单位进行项目竣工决（结）算审核的，需附完整的审核报告及审核表（附表2），审核报告内容应当翔实，主要包括：审核说明、审核依据、审核结果、意见、建议。

6.《建设工程质量保证金管理办法》（建质〔2017〕138号）第七条规定：发包人应按照合同约定方式预留保证金，保证金总预留比例不得高于工程价款结算总额的 3%。合同约定由承包人以银行保函替代预留保证金的，保函金额不得高于工程价款结算总额的 3%。

7.《关于完善建设工程价款结算有关办法的通知》（财建〔2022〕183号）第一条规定：提高建设工程进度款支付比例。政府机关、事业单位、国有企业建设工程进度款支付应不低于已完成工程价款的 80%；同时，在确保不超出工程总概（预）算以及工程决（结）算工作顺利开展的前提下，除按合同约定保留不超过工程价款总额 3% 的质量保证金外，进度款支付比例可由发承包双方根据项目实际情况自行确定。在结算过程中，若发生进度款支付超出实际已完成工程价款的情况，承包单位应按规定在结算后 30 日内向发包单位返还多收到的工程进度款。

（五）案例

甲医院与 A 公司就工程建设项目结算审核金额为 15 000 元的审核结果达成一致，在竣工结算支付时，累计支付款项为 15 500 元，进度款支付超出实际已完成工程价款。

审计分析：《关于完善建设工程价款结算有关办法的通知》第一条规定："提高建设工程进度款支付比例。政府机关、事业单位、国有企业建设工程进度款支付应不低于已完成工程价款的 80%；同时，在确保不超出工程总概（预）算以及工程决（结）算工作顺利开展的前提下，除按合同约定保留不超过工程价款总额3%的质量保证金外，进度款支付比例可由发承包双方根据项目实际情况自行确定。在结算过程中，若发生进度款支付超出实际已完成工程价款的情况，承包单位应按规定在结算后30日内向发包单位返还多收到的工程进度款。"甲医院应严格执行相关国家法律法规，避免超付行为所产生的风险。

四、合同纠纷审计

建设工程合同纠纷是指合同的当事人之间因合同的生效、解释、履行、变更、终止等行为而引起的争议。合同纠纷审计主要是指发生合同纠纷时，是否积极应对，并采取合理措施处理纠纷进行审查。

（一）审计目标

目标1：确认合同纠纷处理程序是否合规
目标2：确认合同纠纷处理是否及时、措施是否得当

（二）审计依据

《中华人民共和国民事诉讼法》《最高人民法院关于适用〈中华人民共和国民事诉讼法〉的解释》《最高人民法院关于审理建设工程施工合同纠纷案件适用法律问题的解释（一）》。

（三）审计内容及要点

1. 审查是否在规定时效内与承包人协商谈判。
2. 审查协商一致的，是否签订书面协议。
3. 审查合同纠纷协商无法解决的，经办部门是否及时向单位有关负责人报告，并根据合同约定选择诉讼方式解决。

（四）核心知识点

1.《中华人民共和国民事诉讼法》第二十四条规定：因合同纠纷提起

的诉讼，由被告住所地或者合同履行地人民法院管辖。

2.《中华人民共和国民事诉讼法》第三十四条规定：下列案件，由本条规定的人民法院专属管辖：（1）因不动产纠纷提起的诉讼，由不动产所在地人民法院管辖；（2）因港口作业中发生纠纷提起的诉讼，由港口所在地人民法院管辖；（3）因继承遗产纠纷提起的诉讼，由被继承人死亡时住所地或者主要遗产所在地人民法院管辖。

3.《最高人民法院关于适用〈中华人民共和国民事诉讼法〉的解释》第二十八条规定：民事诉讼法第三十四条第一项规定的不动产纠纷是指因不动产的权利确认、分割、相邻关系等引起的物权纠纷。农村土地承包经营合同纠纷、房屋租赁合同纠纷、建设工程施工合同纠纷、政策性房屋买卖合同纠纷，按照不动产纠纷确定管辖。不动产已登记的，以不动产登记簿记载的所在地为不动产所在地；不动产未登记的，以不动产实际所在地为不动产所在地。

4.《中华人民共和国民事诉讼法》第三十五条规定：合同或者其他财产权益纠纷的当事人可以书面协议选择被告住所地、合同履行地、合同签订地、原告住所地、标的物所在地等与争议有实际联系的地点的人民法院管辖，但不得违反本法对级别管辖和专属管辖的规定。

5.《中华人民共和国民事诉讼法》第六十六条规定：证据包括：（1）当事人的陈述；（2）书证；（3）物证；（4）视听资料；（5）电子数据；（6）证人证言；（7）鉴定意见；（8）勘验笔录。证据必须查证属实，才能作为认定事实的根据。

6.《中华人民共和国民事诉讼法》第六十八条规定：当事人对自己提出的主张应当及时提供证据。人民法院根据当事人的主张和案件审理情况，确定当事人应当提供的证据及其期限。当事人在该期限内提供证据确有困难的，可以向人民法院申请延长期限，人民法院根据当事人的申请适当延长。当事人逾期提供证据的，人民法院应当责令其说明理由；拒不说明理由或者理由不成立的，人民法院根据不同情形可以不予采纳该证据，或者采纳该证据但予以训诫、罚款。

7.《中华人民共和国民事诉讼法》第七十三条规定：书证应当提交原件。物证应当提交原物。提交原件或者原物确有困难的，可以提交复制品、照片、副本、节录本。提交外文书证，必须附有中文译本。

8.《最高人民法院关于审理建设工程施工合同纠纷案件适用法律问题的解释（一）》（法释〔2020〕25号）第二条规定：招标人和中标人另行签订的建设工程施工合同约定的工程范围、建设工期、工程质量、工程价款等实质性内容，与中标合同不一致，一方当事人请求按照中标合同确定权利义务的，人民法院应予支持。

9.《最高人民法院关于审理建设工程施工合同纠纷案件适用法律问题的解释》第十九条规定：当事人对建设工程的计价标准或者计价方法有约定的，按照约定结算工程价款。因设计变更导致建设工程的工程量或者质量标准发生变化，当事人对该部分工程价款不能协商一致的，可以参照签订建设工程施工合同时当地建设行政主管部门发布的计价方法或者计价标准结算工程价款。

10.《最高人民法院关于审理建设工程施工合同纠纷案件适用法律问题的解释（一）》第二十条规定：当事人对工程量有争议的，按照施工过程中形成的签证等书面文件确认。承包人能够证明发包人同意其施工，但未能提供签证文件证明工程量发生的，可以按照当事人提供的其他证据确认实际发生的工程量。

（五）案例

为加快门诊楼的建设进度，Y建筑公司未与X医院签订书面合同即进场施工。2016年1月开工，2017年1月基本完工，但因各项手续不完善，双方当事人始终未能对工程竣工验收及价款结算达成一致意见，遂引发纠纷诉至法院。

审计分析：根据《中华人民共和国建筑法》第十五条规定："建筑工程的发包单位与承包单位应当依法订立书面合同，明确双方的权利和义务。"X医院应严格执行相关国家法律法规，避免因未签订书面合同，造成不必要的损失。

第四节

建设工程及相关服务类合同后评价管理审计

合同后评价管理是合同履行完毕后，综合运用各种技术和方法，对建设项目开展绩效评价。合同后评价管理审计内容包括建设项目目标达成情况评价、项目绩效评价、项目管理评价等方面。

（一）审计目标

目标 1：审查评价建设项目目标达成情况

目标 2：审查评价建设项目绩效

目标 3：审查评价项目管理

（二）审计依据

《项目支出绩效评价管理办法》（财预〔2020〕10 号）、《中央部门预算绩效运行监控管理暂行办法》（财预〔2019〕136 号）、《第 3201 号内部审计实务指南——建设项目审计》等。

（三）审计内容及要点

调阅项目建议书、可行性研究报告、投资概算、工程竣工验收资料、竣工结算报告，财务决算报告等资料。

1. 审查和评价建设项目是否实现了预期目标。

2. 审查和评价项目建设立项、设计、招标、施工、结算等各环节的成本是否节约。

3. 审查资金利用是否具有经济性。

4. 审查项目建设行为是否具有效率性，建成后的项目是否提高了单位的运营效率等。

5. 审查对施工方面、勘察设计方面、监理、技术和咨询等方面工作是否及时、高效，并对是否符合要求等情况进行评价。

（四）核心知识点

1. 《项目支出绩效评价管理办法》（财预〔2020〕10号）第二条规定：项目支出绩效评价（以下简称绩效评价）是指财政部门、预算部门和单位，依据设定的绩效目标，对项目支出的经济性、效率性、效益性和公平性进行客观、公正的测量、分析和评判。

2. 《项目支出绩效评价管理办法》第六条规定：绩效评价的主要依据：（1）国家相关法律、法规和规章制度；（2）党中央、国务院重大决策部署，经济社会发展目标，地方各级党委和政府重点任务要求；（3）部门职责相关规定；（4）相关行业政策、行业标准及专业技术规范；（5）预算管理制度及办法，项目及资金管理办法、财务和会计资料；（6）项目设立的政策依据和目标，预算执行情况，年度决算报告、项目决算或验收报告等相关材料；（7）本级人大审查结果报告、审计报告及决定，财政监督稽核报告等；（8）其他相关资料。

3. 《中央部门预算绩效运行监控管理暂行办法》（财预〔2019〕136号）第七条规定：绩效监控内容主要包括：（1）绩效目标完成情况。一是预计产出的完成进度及趋势，包括数量、质量、时效、成本等。二是预计效果的实现进度及趋势，包括经济效益、社会效益、生态效益和可持续影响等。三是跟踪服务对象满意度及趋势。（2）预算资金执行情况，包括预算资金拨付情况、预算执行单位实际支出情况以及预计结转结余情况。（3）重点政策和重大项目绩效延伸监控。必要时，可对重点政策和重大项目支出具体工作任务开展、发展趋势、实施计划调整等情况进行延伸监控。具体内容包括：政府采购、工程招标、监理和验收、信息公示、资产管理以及有关预算资金会计核算等。（4）其他情况。除上述内容外其他需要实施绩效监控的内容。

4. 《综合医院建设标准》（建标〔2021〕36号）第三十二条规定：综

合医院的建设应贯彻安全、适用、经济、绿色、美观的原则，建造装修和环境设计充分考虑使用人群的生理和心理特点，构建舒适、怡人的诊疗环境。建造标准应根据不同地区的经济条件合理确定。

第五节

建设工程及相关服务类合同归档管理审计

合同归档管理是指对建设项目相关档案及时整理并移交归口部门统一管理。归档管理审计内容包括对建设项目资料的归档是否完整、保管措施是否齐全进行审计。

（一）审计目标

目标1：确认建设项目档案管理资料是否完整

目标2：确认建设项目档案资料保管措施是否得当

（二）审计依据

《建设工程质量管理条例》《中央预算内直接投资项目管理办法》《国家卫生健康委员会属（管）单位基本建设管理办法》《公立医院内部控制管理办法》等。

（三）审计内容及要点

1. 审查是否对合同进行归口管理。
2. 审查是否建立合同信息建立台账。
3. 审查是否详细登记合同的订立、履行和变更情况。

4. 审查是否定期对合同档案进行分类、整理和归档。

5. 审查归档资料是否完整。

（四）核心知识点

1. 《中央预算内直接投资项目管理办法》第二十九条规定：直接投资项目应当遵守国家档案管理的有关规定，做好项目档案管理工作。项目档案验收不合格的，应当限期整改，经复查合格后，方可进行竣工验收。

2. 《建设工程质量管理条例》第十七条规定：建设单位应当严格按照国家有关档案管理的规定，及时收集、整理建设项目各环节的文件资料，建立、健全建设项目档案，并在建设工程竣工验收后，及时向建设行政主管部门或者其他有关部门移交建设项目档案。

3. 《公立医院内部控制管理办法》第二十条规定：建设项目管理情况。包括是否实行建设项目归口管理；是否按照概算投资实施基本建设项目；是否严格履行审核审批程序；是否建立有效的招投标控制机制；是否存在截留、挤占、挪用、套取建设项目资金的情形；是否按照规定保存建设项目相关档案并及时办理移交手续等。

4. 《国家卫生健康委员会属（管）单位基本建设管理办法》第五十九条规定：委属（管）单位应当建立基本建设档案管理制度，配备专职或兼职的基本建设档案管理人员，按照《建设工程文件归档整理规范》及其他有关规定做好基本建设档案资料的收集、保管、整理和移交等工作。

5. 《国家卫生健康委员会属（管）单位基本建设管理办法》第六十条规定：项目建议书、可行性研究报告、初步设计、项目申请报告、设计变更、施工图、竣工图、年度投资计划、施工计划、招标文件、施工及主要设备和材料采购合同等，都应当作为永久性档案归档。基本建设财务与会计有关凭证、账簿、报表，按照《会计档案管理办法》等有关规定立卷归档。

6. 《国家卫生健康委员会属（管）单位基本建设管理办法》第六十一条规定：委属（管）单位应当在工程竣工验收后3个月内按照规定向建设档案管理机构报送建筑工程档案。

（五）案例

甲医院合同管理部门对合同台账进行登记时，未记录合同变更情况，且归档资料中未见补充协议。

审计分析：根据《行政事业单位内部控制规范（试行）》（财会〔2012〕21号）第五十八条规定："合同归口管理部门应当加强对合同登记的管理，定期对合同进行统计、分类和归档，详细登记合同的订立、履行和变更情况，实行对合同的全过程管理"。甲医院应严格执行相关国家法律法规，对合同台账进行详细登记，详细记录合同变更情况，做好补充协议的归档工作。

第七章 医疗卫生行业重点类别合同管理审计——其他类

本章所指其他类合同主要包括租赁合同、捐赠合同、医疗服务合作合同。租赁合同根据租赁物的差异，主要分为土地租赁合同、房屋租赁合同、车辆租赁合同及设备租赁合同等。捐赠合同主要涉及货物赠与合同。医疗服务合作合同主要涉及分级诊疗、医联体、医共体项目的医疗服务合作或协议。因合同类型较为特殊，审计流程较为简洁，且与货物、服务、工程采购有相同之处，故合同审计内容与要点以表格形式呈现如下：

一、租赁合同

（一）审计依据

《中华人民共和国民法典》《国家卫生计生委关于印发预算管理单位国有资产使用管理办法的通知》（国卫财务发〔2015〕85号）《国家卫生健康委预算单位国有资产处置管理办法的通知》（国卫财务函〔2022〕141号）等法律法规及政策性文件；单位内部控制制度、单位合同管理制度等相关内部制度，相关决策及批示文件、谈判文件、合同文本等。

（二）审计内容及要点

审计流程	审计要点描述
流程1 立项情况审计	1. 如合同内单位为出租方，应关注出租的土地或房屋类型、出租面积、出租行为等是否符合国家相关法律法规，是否上报上级单位并获得批复。 2. 如合同内单位为承租方，应关注是否申报新增资产预算并获得批复，是否申报当年采购预算并获得上级单位批复。如为跨年度合同，审查是否每年度均获得预算批复。 3. 通过调阅单位内部制度、决策及批示文件，审查出租的土地、房屋、车辆、设备等是否履行单位重大经济事项集体决策程序。 ……
流程2 筹划管理审计	1. 通过调阅决策、批复文件、合同文本等，审查租赁合同内容与相关申报和批复内容是否一致： （1）若为土地或房屋租赁合同，审查是否明确具体地点、面积、范围等，不能是同一类别的土地或房屋。应明确房屋产权证、面积、装修、物业等相关情况。

续表

审计流程	审计要点描述
流程2 筹划管理审计	（2）若为车辆或设备租赁合同，应当明确车辆行驶证号、配置、保养情况等。应当明确租赁设备的品牌、型号、配置等，如租赁医疗设备应提供有效的医疗器械注册证或备案证。 2. 通过调阅租赁合同，审查是否存在将重大合同拆分成金额较小的若干合同，规避政府采购或领导审批程序的情况。 ……
流程3 合同调查审计	1. 如单位为土地、房屋、车辆、设备等的出租方，应审查承租方单位事业单位法人证书或营业执照、经营范围、近年生产经营情况、审计报告、企业信用信息记录、商业信誉等内容，评估承租方是否具备履约的条件和能力。 2. 如单位为土地、房屋、车辆、设备等的承租方，应审查出租方相关经营资质是否齐全，出租物的产权、证照是否合法合规。 ……
流程4 合同谈判审计	1. 通过调阅采购意向文件、招标文件等，审查合同谈判前准备是否充分，是否了解与合同内容相关的法律法规。是否存在合同谈判内容不符合国家产业政策和法律法规要求的情况，或土地、房屋的租赁价格是否与市场规律违背等。 2. 通过调阅投标文件、评标报告、出租方/承租方提供的承诺文件等，审查是否存在合同谈判不独立或谈判内容未体现在合同条款内的情况。如对合同关键条款、格式等审核不严格；合同内容和条款拟订缺乏合理性、严密性、完整性、明确性，文字表述不严谨等，对租赁物、租赁金额、租赁期限等实质性条款设置不合理或未准确表达谈判结果等，对后续执行造成重大误解。 ……
流程5 合同内容审计	通过调阅前期采购文件及合同文本等 1. 审查合同实质性条款与前期采购文件是否一致，有无违反国家相关法律法规。 2. 审查合同内容是否完整、全面，是否根据租赁物的特性制定针对性条款。 （1）关注租赁物在合同中是否明确。 （2）关注租赁期限是否明确，是否超过二十年。 （3）是否约定续订相关条款，并不超过二十年。 （4）关注租赁物交付及返还相关条款是否完善。 （5）关注租金支付期限与方式约定是否明确。 （6）关注租赁物的维修、维护等条款及责任是否明确。 （7）关注租赁合同违约责任、争议解决等条款是否明确合理。 ……

续表

审计流程	审计要点描述
流程6 合同审批审计	通过调阅单位相关制度及合同审批流程文件 1. 审查合同审核人员是否未能发现或者未能及时发现合同文本中的不当内容和条款，为单位造成损失。 2. 审查合同文本拟订人和合同审核人员是否存在责任划分不清，缺乏有效沟通和协调，导致合同审核人员发现不当的合同内容、条款未能予以纠正等情况发生。 ……
流程7 合同签署审计	1. 通过调阅单位合同管理制度，审查合同印章使用、保管是否妥当，是否存在对不符合管理程序的合同加盖了合同印章的情况。 2. 通过调阅合同会签表，审查是否存在未经授权或者越权签署的合同。 ……
流程8 合同履行监控审计	1. 通过调阅单位相关制度，审查是否明确合同履行部门，是否对合同履行具有有效监督，是否存在未按照合同约定履行合同，未能及时发现已经存在或可能导致单位利益受损的情况。 2. 通过调阅合同履行记录，审查出租方与承租方是否按照合同约定对租赁物进行维修维护；审查土地、房屋、设备等承租方是否按照合同约定的租赁物的使用范围使用，是否存在违规使用土地、房屋、设备等情况。 ……
流程9 合同变更、转让、解除、终止审计	通过调阅单位合同变更、补充、转让、解除、终止记录 1. 审查合同生效后，是否存在合同条款中约定的权利义务不明确情况。审查是否及时与对方协商沟通签订补充、变更协议，是否影响主合同的正常履行。 2. 审查是否存在合同补充、变更等内容或条款未经相应的程序，导致合同补充行为不当的情况；审查是否存在终止未达到终止条件的合同，以及合同终止未办理相关手续等情况。 ……
流程10 合同结算审计	通过调阅支出凭证、结算等相关资料 1. 如单位为承租方，审查是否存在未完成合同约定支付合同款项的情况，审查是否存在逾期支付合同款项的情况。 2. 如单位为出租方，审查单位是否按时收取租金，是否对租金按规定进行账务处理，在租期结束后是否及时对出租的土地、房屋、车辆、设备等进行回收。 ……

续表

审计流程	审计要点描述
流程 11 合同纠纷审计	通过调阅合同文本、合同履行文件、变更文件等，审查是否存在未及时按照合同约定追究对方违约责任，导致单位利益受损的情况。 出租方的违约情形产生纠纷主要包括延迟交付出租的房屋、设备等；交付的出租物与合同约定的内容或质量要求不符；未履行合同约定的维修义务等。承租方的违约情形主要包括未经出租方允许擅自转租承租的房屋、设备等；未按合同约定的内容对承租物进行维护保养等。 ……
流程 12 后评价管理审计	通过调阅合同全过程资料，关注是否建立合同资信体系，是否对履约能力进行评价并实行动态管理；是否建立信用单位白名单和黑名单，降低后期合同签订风险；是否对合同的履行情况进行总体评估和总结。 ……
流程 13. 合同档案管理审计	通过调阅单位合同归档制度、合同全过程资料及合同归档台账等，审查合同档案管理是否完善，合同档案材料保存是否齐全。 ……

二、捐赠合同

（一）审计依据

《中华人民共和国民法典》《医疗器械监督管理条例》（中华人民共和国国务院令第739号）等法律法规及政策性文件；单位内部控制制度、单位合同管理制度等相关内部制度，相关决策及批示文件、谈判文件、合同文本等。

审计内容及要点	审计要点描述
流程 1 立项情况审计	通过调阅单位内部制度，决策及批示文件，合同文本等 1. 审查赠与/受赠行为是否履行单位重大经济事项集体决策程序。 2. 如单位为赠与人，审查捐赠行为是否通过单位内部审批，拟捐赠物是否符合国家相关法律法规和单位规章制度，是否为可以捐赠的且合格的货物。 3. 如单位为受赠人，审查捐赠行为是否独立，受捐赠物是否符合国家相关法律法规和单位使用需求。 ……

续表

审计内容及要点	审计要点描述
流程 2 筹划管理审计	通过调阅合同文本等，审查是否以公益为目的，是否强调自愿无偿、非营利性。
流程 3 合同调查审计	通过调阅赠与人/受赠人相关资质，单位有关捐赠制度 1. 审查赠与物来源是否合法合规。 2. 审查是否建立捐赠资产管理制度。 3. 是否设置捐赠管理归口部门。 ……
流程 4 合同谈判审计	——
流程 5 合同内容审计	通过调阅合同文本等 1. 审查接受捐赠合同是否违规约定捐赠与采购挂钩。 2. 审查合同约定是否涉及营利性活动或不正当竞争。 3. 审查是否签订捐赠协议，是否明确规定捐赠标的名称、金额、数量、价值及捐赠用途。 4. 审查是否对赠与物的品牌型号、状态等进行明确约定，是否对有瑕疵的赠与物进行说明。 5. 审查是否明确约定赠与物交付方式、时间、地点等条款，因赠与物交付、产权变更等产生的费用是否明确并约定承担方式。 6. 审查是否明确与赠与物相关联的权利义务条款，如赠与设备的维修维保等。 7. 审查是否明确违约及争议解决条款。 ……
流程 6 合同审批审计	参照租赁合同相关流程
流程 7 合同签署审计	参照租赁合同相关流程
流程 8 合同履行监控审计	1. 通过调阅合同文本，审查合同是否具有可行性，是否存在无法履行的条款或情况。 2. 通过调阅合同履行记录，审查是否落实合同条款、完成赠与物的交付、资产及账务处置、以及其他义务，如赠与物后期维修维护等。 ……
流程 9 合同变更、补充、转让、解除、终止审计	参照租赁合同相关流程

续表

审计内容及要点	审计要点描述
流程 10 合同结算审计	——
流程 11 合同纠纷审计	参照租赁合同相关流程
流程 12 后评价管理审计	参照租赁合同相关流程
流程 13 合同档案管理审计	参照租赁合同相关流程

三、医疗服务合作合同

（一）审计依据

《中华人民共和国民法典》《国务院办公厅关于推进医疗联合体建设和发展的指导意见》（国办发〔2017〕32 号）、《国务院办公厅关于推进分级诊疗制度建设的指导意见》（国办发〔2015〕70 号）、《关于进一步做好分级诊疗制度建设有关重点工作的通知》（国卫医发〔2018〕28 号）、《关于印发医疗联合体综合绩效考核工作方案（试行）的通知》（国卫医发〔2018〕26 号）、《国家卫生健康委 国家中医药局关于印发医疗联合体管理办法（试行）的通知》（国卫医发〔2020〕13 号）、《国家卫生健康委 国家中医药局关于开展城市医疗联合体建设试点工作的通知》（国卫医函〔2019〕125 号）、《关于印发城市医疗联合体建设试点城市名单的通知》（国卫办医函〔2019〕646 号）、《医疗联合体管理办法（试行）》（国卫医发〔2020〕13 号）等法律法规及政策性文件；合作单位签订的合作协议、单位的议事决策纪要、签订协议前的沟通记录、会议纪要、款项支付记录、会计凭证等。

审计内容及要点	审计要点描述
流程1 立项情况审计	通过调阅立项资料文件 1. 审查合作项目的立项是否规范,是否符合国家相关法律法规及政策性文件,需要上级单位批复或备案的项目是否有相关资料。 2. 审查是否符合国家关于分级诊疗、医联体、医共体等相关指导意见。 3. 审查经费来源及经费方案是否符合获批流程、手续是否齐全。 ……
流程2 筹划管理审计	通过调阅集体决策、批复或备案文件、协议文本等 1. 审查合作合同内容与相关申报、批复或备案内容是否一致。 2. 审查是否制定符合行业规定的管理办法、综合绩效考核方案和试点工作方案。 3. 审查合作项目是否满足双方单位需求。 ……
流程3 合同调查审计	通过调阅合作单位事业单位法人证书或营业执照、行业资质证明、营业状况资料等 1. 审查合作单位是否具备履约的条件和能力。 2. 审查合作单位资信情况,相关资质是否齐全,证照是合法合规。 ……
流程4 合同谈判审计	通过调阅谈判记录 1. 审查是否存在不符合国家分级诊疗、医联体、医共体有关政策及法律法规的意向文件。 2. 审查签订的合同是否符合行业的管理办法、综合绩效考核方案和试点工作方案。 ……
流程5 合同内容审计	通过调阅前期谈判文件、协议文本等 1. 审查合作合同文本实质性条款与前期沟通文件是否一致,有无违反国家相关法律法规、医疗卫生行业政策。 2. 审查是否明确管理模式、运行机制、激励机制。 3. 审查是否约定合作内容、医疗服务范围、绩效与利益分配、医疗损害风险和责任分担等。 ……
流程6 合同审批审计	参照租赁合同相关流程
流程7 合同签署审计	参照租赁合同相关流程

续表

审计内容及要点	审计要点描述
流程 8 合同履行监控审计	通过调阅合同文本 1. 审查合同是否存在无法履行的条款或情况。 2. 审查是否按照约定支付相关款项。 3. 审查是否进行年度综合绩效考评。 4. 审查是否完成国家建设医联体的目标。
流程 9 合同变更、补充、转让、解除、终止审计	参照租赁合同相关流程
流程 10 合同结算审计	通过调阅单位支出管理办法、相关制度、流程图、合同文本等资料 1. 审查合同结算程序是否规范。 2. 审查是否按照合同履行情况办理价款结算、是否存在不合理支出。
流程 11 合同纠纷审计	参照租赁合同相关流程
流程 12 后评价管理审计	参照租赁合同相关流程
流程 13 合同档案管理审计	参照租赁合同相关流程

第八章 合同管理信息系统审计

合同管理的信息系统审计即对合同管理信息化程度的审计，是指利用信息化手段规范单位的合同管理流程，支持单位合同登记、审批、备案、变更、跟踪、归档等工作，实现合同全生命周期的电子化和智能化管理。通过合同相关流程的再造与优化，提升工作效率，实现单位内部信息的共享。随着信息技术的不断发展和普及，合同管理信息系统已经成为单位合同管理的重要工具，可以帮助单位实现合同管理的自动化、标准化和规范化，提高合同管理的效率和质量。然而，合同管理信息系统也存在一些潜在的风险和问题，需要通过不定期开展信息系统审计，通过对信息系统安全性、可靠性和合规性的审计，降低单位合同管理信息系统的漏洞，防范合同信息化管理风险。

单位信息系统建设涉及组织层面、一般控制、应用控制三方面，完整的信息系统建设会根据重要岗位、重点业务环节、关键控制点建立符合单位内部控制的信息系统内容框架。通常涵盖了单位的需求分析、立项管理、预算管理、成本管理、招投标管理、采购管理、合同管理、进度管理、安全管理、质量管理、应用及运维管理、运行的效果及效率等内容。

《国家卫生健康委关于印发进一步加强卫生健康行业内部审计工作若干意见的通知》（国卫财务发〔2022〕9号）中明确要求，各单位要贯彻落实习近平总书记关于科技强审的重要指示精神，运用大数据等现代信息技术，积极支持内部审计信息化建设，消除信息孤岛。为内部审计机构查阅财务、资产、采购、医疗、后勤等有关计算机系统及其电子数据提供条件，探索建设集成化的内部审计信息系统，并与其他信息系统互联互通。要坚持以用为本开展数据分析，促进审计工作从现场审计为主向后台数据分析和现场审计并重转变，通过数据对比分析，着力发现苗头性、倾向性问题，强化风险感知预警。要建立健全内部审计数据管理制度，保障数据安全。

随着我国信息技术的不断发展，根据实际工作需要开展建设的信息系统越来越多，信息化系统应用也逐步深入，信息系统建设和使用情况的审计将成为内部审计的重要方向之一。本章参考中国内部审计协会《第3205号内部审计实务指南——信息系统审计》，阐述了合同管理信息化建设和信息系统审计的概念，梳理和探索合同管理信息系统审计的方法、实施程序、管理环节关键控制点等内容,为医疗卫生行业合同管理信息化审计的开展提供有效参考,具有一定前瞻性。

第一节

合同管理信息系统概述

一、合同管理信息化建设的概念

合同管理信息化建设是指通过计算机技术的部署来提高单位的合同管理效率,降低管理风险和运营成本,从而提高单位整体管理水平和持续经营能力的过程。随着我国信息技术的不断发展,信息化在单位各项业务领域的应用也在逐步深入。根据实际业务需要开展建设的信息系统也越来越多,单位信息化建设对单位内部控制的辅助支撑作用越发重要。

合同管理作为内部控制的重要环节之一,其信息化建立的过程就是不断将单位合同管理的内部控制,结合单位实际情况,编入计算机信息系统,并根据内部控制的要求不断更新和完善的过程,也为单位开展合同管理以外的各项业务的自动化和管理的自动化提供基础支撑。

二、合同管理信息化建设的目的

单位内部控制体系建立和完善后,将管理及内部控制嵌入信息系统中,用信息化的手段去实现内部控制,合同管理作为内部控制的一部分,与预算管理、收支管理、采购管理、资产管理、建设项目管理等业务集成在统一平台上,通过系统间数据的互联互通,能够改变单位各项经济活动分块管理、信息分割、信息"孤岛"的局面,减少或消除人为操纵因素,以保证合同信息、财务信息、业务信息和其他管理信息及时、可靠、完整地获得处理和呈现。达到合同管理内部控制程序化、常态化、信息化管理。与此同时，将信息技术嵌入到合同全流程业务和内部管理活动中，实现系统自动监测和控制，既能够满足内控职能部门对合同风险评估、合同管理内部控制评价、合同管理内部控制报告等工作需要，信息手段的使用，还能够提升合同管理部门相关人员的工作效率，降低合同管理工作自身的风险。

三、建设合同管理信息系统的条件

随着单位层面合同管理内部控制不断建立和完善，各项业务对信息系统的辅助支撑需求也逐渐增多，信息化管理的优势越发明显，但合同管理的信息化建设需要在单位内部控制体系完全建立、内部控制框架趋于完善等条件具备的基础上才能建立并发挥作用。

一是单位已建立较为完善的合同管理制度，形成了以合同管理办法为核心，各职能部门业务活动相配套的合同管理体系。

二是单位能够通过规范合同审批流程、细化合同审批要求等多手段，实现统一管理流程。

三是单位在合同管理内部控制中的管理趋于精细化，能够在推进合同管理标准、促进合同管理规范、提升合同管理效能等方面发挥作用。

当单位内部控制具备各类合同管理规范基本统一、业务流程基本趋同、管理要求基本一致的条件时，单位可以推进并建立合同管理信息化建设。

四、建设合同管理信息系统的目标

单位合同管理信息系统的建设和使用，应能够体现单位在合同管理方面的内部控制。一是要保证信息系统框架及流程建设符合国家有关法律法规、医疗卫生行业相关规定、单位内部控制制度、合同管理和相关业务管理制度要求。保证信息系统建设方案、规划内容充分体现单位的战略目标。二是要保证信息系统在购置、开发、使用、维护过程中，以及数据在生产、加工、修改、转移、删除等处理中都必须符合国家相关法律法规、准则、单位内部规定，有效完成合同的前期准备阶段、订立阶段、执行阶段、后续管理阶段各环节业务流程和目标的实现。三是要保证合同信息系统的可靠性，业务流程运行的稳定性，合同业务及合同内容数据的安全性，同时要保证合同业务完成阶段，数据汇总与处理的完整性和准确性。

五、合同管理信息系统的基本功能

建立符合单位合同管理业务需求的信息系统需具备以下基本功能：

第一，能够满足合同业务管理和内部控制的需求，通过合同管理系统，建立涵盖基本类型的合同标准文本以及合同起草、审批、履行、变动、办结等业务活动的统一支撑平台，实现合同全生命周期管理的集中化支撑；满足内部审计审查合同签订主体及金额是否与该项目前期招标等程序确定的结果一致，并负责不定期对各类经济合同管理情况开展专项审计等内部需求，同时满足行政事业单位政府采购管理制度的要求；借助合同管理系统，将合同文本的非结构化信息进行结构化，支持不同合同类型、不同主办部门多层次、多维度的数据挖掘，为决策分析提供支撑手段；实现合同标准文本、审签流程及履行过程控制的标准化和规范化。

第二，能够满足提升合同业务办理效率的需求。合同管理系统应具备实现合同标准文本线上管理的条件；从立项前的审批阶段开始，审签过程全面线上操作，"一点式"实现各相关业务部门的流转和逐级审批，提升合同流程办理效率；同时能够将合同名称、对方单位、合同价款、合同主办部门、合同履行情况、其他涉及单位经济利益的关键信息等进行统一结构化处理，形成合同电子台账。合同归口管理部门及内审等监督部门，能够查询和导出合同立项阶段、订立阶段、履行阶段、后续管理阶段相关附件资料，便于合同关键信息的分析、使用和监督；同时，在合同标准文本的基础上，可以针对不同业务种类定制个性化合同模板，满足不同业务需求。

第三，能够满足系统之间的衔接与拓展的需求。首先，应满足贯穿和覆盖合同管理全生命周期的需求，包括串联合同立项、合同起草、合同审批、合同签订、合同履行、合同变更和合同办结等全生命周期中重要节点的业务活动；且流程操作简单，节点衔接顺畅，方便实际使用；与此同时，由于合同业务全周期会涉及预算管理、收支管理、政府采购管理、资产管理、建设项目管理、医疗业务管理、科研项目和临床试验项目管理、教学管理、互联网医疗业务管理、医联体业务管理等多项业务领域，具有涉及部门多、业务关联广等特点，因此合同管理信息系统的建设需充分考虑前瞻性和扩展性，能够与财务管理系统、科研教学管理系统、资产管理系统、人力资源管理系统等打通，实现数据的互联互通；最后，还应满足数据安全的需求，各职能部门的合同进行严密的数据安全性控制，在各自权限范围内进行合同数据的调阅和使用。

第二节

合同管理信息系统审计

一、合同管理信息系统审计概述

合同管理信息系统审计是指内审人员以单位合同管理的内部控制为基础，以风险管理为导向，对单位合同管理信息系统建设的合法合规性、内部控制的有效性、合同信息系统的安全性、合同全周期业务流程的合理有效性、信息系统运行的经济性进行检查与评价的活动。合同管理信息系统审计除了具备传统审计的权威性、客观性、公正性等特点之外，因为信息系统的特殊性，还可以突破物理区域限制，开展远程非现场审计。其根本目的是通过评价合同管理信息系统建设程序和内容的合法合规性，系统数据的真实性、准确性、信息系统的安全性，以及信息系统应用的效果性、效率性，运用适当的审计流程、审计方法对单位合同管理信息系统建设和使用情况进行评价。随着审计工作的不断深入、充实和完善，最终达到促进单位合同管理业务，辅助单位内部控制，防范经济风险的效果。

二、合同管理信息系统审计的原则

单位开展合同管理信息系统审计时，运用常规的审计方法和信息系统专业方法相结合的方式，分别从系统的管理层面、业务层面、系统建设层面入手，对系统建设和基本功能使用情况进行审计。审查该系统是否在符合法律法规以及相关监管要求的基础上建立，是否能够实现单位对合同管理内部控制的目标，是否满足合同业务流程管理，是否能够满足提升合同业务办理效率的需求，是否能够满足系统之间的衔接与拓展的需求等方面，对合同管理信息系统治理、管理和应用的情况做出客观评价。

三、合同管理信息系统审计主要目的

合同管理信息系统审计是对单位合同管理系统的信息化程度、数据完整准确性以及系统安全性、可靠性、合规性等方面进行审计的过程，通过对合同管理信息系统的审计，揭示信息系统面临的风险、评价合同管理信息系统技术的适用性、创新性、经济性，以及合同管理相关数据的安全性、合同业务流程运行的有效性等内容，发现潜在的管理风险和问题，并提出审计建议。合理保证合同业务数据和操作流程的安全、真实、有效、经济。通常概括为以下几个方面：

（一）检查系统合规性

对合同管理系统建设和执行的合法合规性进行审计，确保合同管理信息系统的运行符合法律法规和单位内部规章制度。能够反映单位层面对合同管理的内部控制。

（二）检查系统技术能力

对合同管理系统的技术知识和技能、技术架构、运行原理、合同业务产生的数据结构、数据间传输、合同全流程业务系统安全等方面进行审计，对系统的稳定性和安全性做出有效评估。同时，对合同管理信息系统数据分析和数据处理能力进行审计，包括合同要素等核心信息、供应商信息、采购信息、支付信息、合同履行情况等信息的分类、统计、汇总等。

(三) 检查系统自动化水平

对合同管理流程自动化程度进行审计,包括合同订立前的准备阶段、订立阶段、履行阶段、后续管理阶段等关键节点业务流程衔接和流转自动化、合同全周期跟踪自动化、风险预警自动化、合同归档自动化水平等。

(四) 检查系统全面性

对合同管理系统全面性进行审计,主要关注合同所涉及的多部门业务操作流程的衔接和互联互通是否全面。合同管理信息化涉及多个业务领域和层面,需要综合考虑各种因素和变量。

(五) 检查系统安全性

合同管理信息化涉及大量的敏感信息和数据,包括系统网络安全、数据安全、系统访问权限等,合同内容中又涉及单位秘密、行业秘密、知识产权、财务数据等重要数据。合同管理信息化审计还应该重点关注系统的安全性,是否能够确保数据的保密性和完整性,是否能够防止黑客攻击、病毒感染、数据泄漏等安全事件的发生。

(六) 检查系统时效性

合同管理信息化系统贯穿合同全周期,对于合同签订、执行、付款、合同履约、合同违约等全过程需要及时响应和处理,否则会导致单位存在经济风险,合同管理信息化审计需要关注系统是否能够及时发现并预警合同管理过程中潜在的风险,采取相应的方法和措施,有效避免单位经济风险。

四、合同管理信息系统审计的主要流程

合同管理信息系统审计程序一般包括审前准备、制定审计工作方案、审计实施、审计报告和后续审计四个阶段。

（一）审前准备

实施合同管理信息系统审计之前，需要根据信息系统审计目标开展审前调查，包括收集合同管理有关的法规、制度依据以及其他有关资料。了解单位合同业务流程及合同管理信息系统的总体架构、规划、建设和应用管理情况。包括合同管理归口部门的系统权限、管理职责，合同业务的线上工作流程，合同管理系统与其他相关业务管理系统关联关系，了解合同管理系统在建设和使用中存在的主要问题等。

（二）制定审计工作方案

根据审前准备的具体情况，编制合同管理信息系统审计工作方案，与常见的专项审计工作方案相同，方案内容包括但不限于单位合同管理审计信息系统的基本情况，包括建设及应用情况、审计目的、审计依据、审计范围、审计内容重点及审计方法、审计步骤与时间安排、审计组与人员分工等。需要注意的是，由于信息系统的特殊性，在审计组组成环节，可以借助外部专家的力量，如具备信息系统编程、信息语言识别、系统程序操作与应用等技术经验和专业知识的专兼职审计专家，便于补充提高审计组的胜任能力。

（三）审计实施

制订审计工作方案后，审计人员可依据审计工作计划实施现场审计。内部审计人员应结合审前准备了解的内容，对合同管理信息化建设的环境、合同业务流程、合同管理内控制度在系统中的应用情况以及存在的风险等方面进行重点审计。

1. 了解合同管理信息系统内部控制整体情况

通过访谈法了解合同管理信息系统内部控制整体环境、合同风险管理情况、合同管理制度在系统中的应用情况、各业务系统与合同管理系统互联互通情况、合同管理全流程内部监督情况等，对系统的运行和内部控制情况进行初步了解和判断。

2. 开展合同管理信息系统控制测试

通过内部控制测试，运用环境测试和功能测试的方法对合同管理系统架构、系统权限管理、合同业务内容管理、运行环境管理、合同相关业务互联互通管理、合同数据库管理、系统运行监督机制等情况进行评价。验证合同管理控制措施的执行是否符合合同管理制度和程序要求，为审计提供合理的保证。

3. 对重点业务流程在系统中的应用情况作出评价

结合合同管理制度中对重点岗位、重要业务、关键节点的控制要求，选取全部或部分系统业务流程，进行审查和评价。重点关注系统设计是否满足合同立项、订立、履行、后续管理等业务需求、合同业务相关信息的收集、处理和传递是否及时，合同涉及的交易信息是否真实、安全、及时，合同管理系统的监督机制的设计和运行是否能够体现内部监督，使内部监督得到有效发挥等。

（四）审计报告

信息系统审计报告阶段包括整理加工审计工作底稿、编写审计报告、做出审计结论。审计人员应运用专业判断，综合分析所收集到的相关证据，以经过核实的审计证据为依据，形成审计意见和结论，编制审计底稿，出具审计报告。

（五）后续审计

出具审计报告后，后续审计主要通过监督整改的情况，督促改进与合同有关的信息系统的治理，完善合同管理系统建设的规章制度和流程等，以持续提高合同管理系统的治理和管理水平。如发现重大问题和控制缺陷，整改效果不明显，可开展后续审计。

五、合同管理信息系统审计的主要方法

在对合同管理信息系统进行审计时，在一般常见的审计方法以外，还可以运用专业性较强的信息技术方面的审计方法进行审计。审计方法主要

包括访谈调查法、检查法、数据测试法、程序代码检查法、风险评估法等。由于信息系统的特殊专业性，在审计组组成环节，审计部门可以借助外部信息领域专家，尤其是具备信息技术经验和知识的专兼职审计专家，运用专业审计方法，完成信息系统审计任务。

1. 访谈调查法

访谈调查法是指通过面对面或在线视频、音频、书面、口头回答、问卷调查等方式交谈来了解单位合同管理信息系统的基本情况，并对合同管理信息系统建设和使用的基本情况做出初步判断的研究方法。

2. 检查法

检查法是指通过对合同管理信息系统内部或外部生成的数据记录、实物资产（系统存储设备）、文件（包括但不限于系统运行报告、系统分析说明书、输入输出和代码调查表等文档的纸质、电子或其他介质形式存在的资料）进行检查，检查合同管理信息系统建设、应用、管理、运行是否符合国家法律法规、行业标准以及组织内部规章制度等。同时，通过检查合同管理相关业务人员的职责履行情况，业务操作程序等以识别操作人员逻辑访问权限是否合规，软硬件物理控制是否有效，盘点信息资产是否安全。

3. 数据测试的黑、白盒法

数据测试法：从计算机输入开始，跟踪某项合同管理业务直至计算机输出，以检验合同业务的应用程序、合同内部控制程序和系统的可靠性。

黑盒法：重点关注某一合同管理流程中的程序是否满足业务需求的功能时，可采用黑盒法来设计测试数据。黑盒法设计出的测试数据除了可以检查程序功能上的错误和缺陷外，还可以审计系统用户界面、接口、效率、初始化和终止错误。

白盒法：重点关注在合同管理程序中是否存在错误的执行路线时可以采用白盒法。白盒法是从程序内部的逻辑结构出发，针对合同管理系统对业务流程的逻辑执行情况选取测试数据的方法，它的原理是通过合同管理系统审计程序的所有执行路线来发现程序中的错误和缺陷。

4. 程序代码检查法

程序代码检查法是指对某项合同管理程序的指令逐条审计，以验证程序的合法性、完整性和程序逻辑的正确性。

5. 风险评估法

风险评估常用技术。（1）分级技术：根据审计对象的技术复杂性、现有控制程序的水平、可能造成的财务损失等各种因素的风险值累计为总风险值，根据分值大小进行排列分为高、中、低级风险。（2）经验判断法：内部审计人员根据专业经验、业务知识、管理层的指导、业务目标、环境因素等进行判断，以决定风险大小。

第三节 合同管理信息系统审计的实施

单位的合同管理信息系统建设一般包括合同模板管理、合同登记、合同审批、合同备案、合同阶段管理、合同支付、合同变更管理、合同台账管理、合同归档管理、合同档案借阅管理等。合同管理信息系统审计主要是审查合同管理业务流程的总体规划和设计是否合理，是否确保满足单位合同管理业务需求，是否根据业务需求对信息化流程进行整合、还原或再造，避免重复操作；同时确保关键环节、关键节点和关键岗位落实了授权审批、访问控制及不相容职责分离等必要的安全控制措施。

重点从系统建设情况、内部控制情况，以及系统应用情况三个方面入手，审核是否将合同管理的主要流程、关键环节嵌入信息系统中，设置的流程是否符合单位实际情况，是否根据单位机构设置、业务流程的调整及时进行系统更新及维护，系统内数据是否完整、可靠，系统是否安全等。审计时可以抽取关键环节进行重点审计，也可以选择全部环节全流程审计。

（一）审计合同管理流程设计是否合理

从有效性和合规性两方面入手，审查系统是否对合同管理流程进行梳理、合理规划和设计，是否能够防范业务流程的操作风险。主要程序和方法涉及以下方面：

1. 审阅系统有关合同管理业务流程的设计文档，审查是否建立合同管理全流程支撑平台，审查系统流程的设计是否与合同管理的实际业务需求相吻合。通过查阅业务审批权限情况，审查是否按单位"三重一大"相关审批制度对不同业务制定差异化系统会签流程。

2. 了解合同管理权限授权审批管理制度及流程，合同审批、合同支付、合同变更等关键环节的业务处理流程和关键岗位职责要求是否符合制度规定。审查是否合理设置合同审签流程；审查用户权限设置和系统管理员权限设置是否合理；审查是否开放内审部门单独监管及全流程可查询权限。

3. 检查有关合同管理的岗位职责是否符合"职责分离"原则，系统流程是否符合合同管理业务需求，同时符合合规监管要求，从而建立不相容的职责分离矩阵，并从关键系统中导出权限数据与职责矩阵对照，查验用户权限设置的一致性。

4. 调阅用户权限申请表，核查用户权限审批制度是否按照合同管理的制度规范严格执行，权限申请是否基于合同业务工作岗位和职责并得到业务部门和信息系统部门主管审批。

（二）审计合同管理流程处理是否合理

从合同管理流程处理实施的有效性和完整性方面入手，通过审核合同业务活动审批及处理过程，检查合同管理各流程处理节点操作落实的正确性和控制的有效性。主要程序和方法涉及以下方面：

1. 调阅合同管理系统业务流程设计文档，检查是否为业务合同管理流程风险提供合理人工或自动化控制措施。关键环节是否有效控制。

2. 调阅合同管理系统接口文档，检查数据处理能否确保数据的完整性。接口是否符合相关规范的要求，是否存在接口标准不统一、安全控制不到位的风险。

3. 调阅权限分配文件，获得权限实际配置数据，检查用户的系统访问权限是否经过严格授权和审批，其所具有的权限是否与其工作职责相匹配。审查是否设置网络安全控制、数据安全控制、数据传输安全控制，是否存在数据泄露及被滥用的风险。

合同起草与文本建立流程设计与处理关键控制点

审计内容	关键控制点
合同业务流程选择	是否支持选择不同流程不同环节属性，包括合同建立、合同审批、合同会签、合同定稿、合同打印、合同履行、合同办结、合同档案查询等
合同新建类型选择	是否区分新建合同或已有合同的补充变更协议，补充协议或变更合同是否有关联处理
合同收支类型选择	是否区分收支类型，如收入合同、支出合同、无收无支合同、有收有支合同
合同流水号	是否自动生成合同流水号且唯一，无重复流水号，会签审批完成后生成
合同范本模板	是否可选择套用合同范本模板，修改指定可编辑区域
合同附件	是否可上传合同业务流程中相关审批依据文件
采购方式	是否可选择公开招标、竞争性谈判、邀请招标、询价、网上竞价、协议供货、集中采购、单一来源、其他等
经费来源	是否可选择财政经费、科教经费、自筹经费、其他经费等
收付款方式与结算比例	是否可选择一次性付款、进度收付款、周期性收付款和其他，是否可填写比例
保证金及保函约定	是否可填写保证金或保函开具方式、保证金金额、保函到期方式等约定
合同金额及税金	是否可填写合同金额与相应税额约定
涉及部门及联系方式	是否可填写经办人、主办部门、履行部门相关信息
合同履行情况	是否可标识合同履行情况并作相应说明
合同履行期限	是否设置履行期限，如合同起止日期明确、签署起+固定时长、签署起+截止日期、签署起+条件结束、起始日期+条件结束

合同会签审批流程设计与处理关键控制点

审计内容	关键控制点
合同业务流程选择	是否支持选择不同流程不同环节属性，包括合同建立、合同审批、合同会签、合同定稿、合同打印、合同履行、合同办结、合同档案查询等
审批环节文件状态	是否设定进入会签审批环节的合同基本信息及审批依据文件不可修改
审批意见签署、查看与反馈	是否可查看合同已审批节点的审批历史，合同审批流程是否符合逐级审批原则，有修改意见的审批是否反馈给合同发起人
合同签署	审批结束后，是否将最后无修改意见的合同文本定稿锁定、不可随意更改，并生成合同编号
合同查询与打印	是否可查询或打印所有已定稿合同的文本、审批依据资料、审批节点历史记录
合同签署盖章后上传	是否设定打印并签署盖章完成的合同原件扫描上传回系统后完成合同签署环节
合同作废	是否设定合同作废流程

合同履行流程设计与处理关键控制点

审计内容	关键控制点
合同业务流程选择	是否支持选择不同流程不同环节属性，包括合同建立、合同审批、合同会签、合同定稿、合同打印、合同履行、合同办结、合同档案查询等
合同履行情况预警	是否设定合同履行计划及提示，如收付款预警、合同到期预警，预警信息提示到合同归口管理部门及相关业务履行部门
合同办结	是否设定履行完合同约定的事项确认合同办结
合同变更、补充、终止	是否设定合同变更、补充、终止、解除审批流程、添加手动补充原因说明
合同台账建立	是否设定合同台账自动生成，是否包含合同所有要素、审批依据相关文件资料、合同状态、履行情况等
合同台账查询	是否设置台账查询权限，如普通用户可查询自己经办、签订或审批的所有合同；财务、审计、合同归口管理部门可查询所有合同信息

续表

审计内容	关键控制点
履行情况分析	是否设置履行情况报表分析，如履行合同分类统计、合同收支类型与金额统计等
审签意见统计	是否设置审批过程中审批意见汇总分析，统计签署意见、建议、建议修改合同份数，修改建议的条数等

（三）审计合同管理应用功能是否满足需求

从合同全流程有效性和合规性两方面入手，检查合同管理的业务流程细化后各功能点是否完备有效，各功能模块是否实现合同全流程管理的目标，各功能点之间的连续性、对业务处理衔接的通畅性以及合同全流程中各功能的实现过程是否符合国家及行业基本监管规范和单位合同管理相关制度要求。主要程序和方法涉及以下方面：

1. 梳理合同管理各项业务流程和系统运行情况，评估分析合同各业务环节功能的完备性，审查系统从合同拟订、审批、签署到履行的各项功能是否有效。评价是否存在应实现而未实现的合同管理中的关键功能。

2. 调阅故障管理、问题管理流程等相关应急制度，审查问题处理、故障处理记录，分析系统功能的薄弱环节，评价系统故障修复是否具有及时性、有效性，是否设置系统操作日志以备查询。

3. 审查功能设置情况，是否具有合同类型分析与挖掘功能。是否建立合同范本数据库。是否具备合同签署时限、合同款支付等预警提醒功能。

4. 调阅数据互联互通及数据分析情况，审查是否为采购、财务部门提供数据提取和汇总分析功能，辅助决策；是否实现合同大数据统计分析；是否能够实现财务管理、科研管理、采购管理和资产管理等系统间互联互通。

5. 通过调阅审核数据跟踪情况，审查是否能够跟踪合同履行情况，临近合同付款期限时是否能够提供系统预警。原合同变更时，是否能够实现系统操作延续性和关联性。

单位业务流程的信息化建设是一个全新的领域,也是未来的方向和趋势,合理有效的信息化建设势必成为单位内部控制制度实现自动控制、流程落地的有力抓手。本章主要介绍了合同管理信息系统的建设与审计,浅谈了信息系统审计的目标和具体方法,希望能够给大家带来一些思路。

延伸阅读——相关术语

1. 信息系统

信息系统是由计算机硬件、网络和通讯设备、计算机软件、信息资源、信息用户和规章制度组成的以处理信息流为目的,通过对信息的收集、传输、加工、存储、更新和维护,以组织战略竞优、提高效益和效率为目的,支持组织高层决策、中层控制、基层运作的集成化的人机系统。

2. 信息系统审计

信息系统审计是指内部审计机构和内部审计人员对组织的信息系统建设的合法合规性及其相关信息技术内部控制的有效性、信息系统的安全性、业务流程合理有效性、信息系统运行的经济性所进行的检查与评价活动。

3. 联网审计

联网审计是指内部审计机构与被审计单位进行网络互联后,在对被审计单位财政财务管理相关信息系统进行测评和高效率的数据采集与分析的基础上,对被审计单位财政财务收支的真实、合法、效益进行实时、远程检查监督的行为。通过联网审计,内部审计人员可以非现场实时或定时地监督被审计单位的业务活动、内部控制和风险管理。

4. 大数据审计

大数据审计主要指运用大数据思维,归集不同行业和部门的数据,进行分析、挖掘,进而发现数据之间的内在联系,提高问题的洞察力,是提高审计质量、提高审计效率和实现审计全覆盖的关键所在。

5. 信息系统生命周期

信息系统生命周期是指信息系统在使用过程中，随着其生存环境的变化而变化，信息系统的生命周期可分为立项、开发、运维和消亡四个阶段。

6. 组织控制审计

对组织层面建立并实施的信息系统相关控制开展的审计。

7. 一般控制审计

为了保证信息系统安全、稳定地运行，对整个信息系统以及外部各种环境要素实施的、对所有的应用或控制模块具有普遍影响的控制审计。

8. 应用控制审计

在业务流程层面，为合理保证应用系统准确、完整、及时地完成业务数据的生成、记录、处理、报告等功能而设计、执行的控制审计。

9. 安全审计

安全审计是指按照一定的安全策略，利用操作记录、系统活动和用户活动等日志信息，通过检查、审查和检验操作事件的环境及活动，从而发现系统漏洞、入侵行为或改善系统性能的过程。安全审计从审计级别上可分为三种类型：系统级审计、应用级审计和用户级审计。

10. 信息系统可靠性

信息系统可靠性是指信息系统在遭受非人为因素破坏或误操作情况下仍然能正常运行的概率。威胁信息系统可靠性的因素包括自然灾害对硬件和环境的破坏、误操作对软件和硬件的破坏以及设备故障、软件故障等。

11. 信息系统稳定性

信息系统稳定性是指信息系统要素在外界影响下表现出的某种稳定状态，包括但不限于外界自然条件、城市基础设施、信息系统所依赖的各类资源等各种变化、干扰。

12. 信息系统安全性

信息系统安全性是指信息系统在遭受各种人为因素破坏的情况下

仍然能正常运行的概率，威胁信息系统安全性的因素可能来自信息系统以及组织外部和内部。外部包括但不限于黑客入侵、病毒攻击、线路侦听、木马、非法用户访问等，内部包括授权用户的越权访问、修改、删除等操作。

13. 数据处理的完整性和准确性

数据处理的完整性和准确性是指信息系统中的数据不被偶然或蓄意地删除、修改、伪造、乱序、重放、插入等破坏和丢失的特性，能够如实地反映组织的实际生产经营活动。通过一系列技术手段可以确保数据的真实、准确，包括但不限于数字签名、时间戳、不可否认协议、不可修改存储装置等。

第九章 合同管理审计的成果运用与质量控制

内部审计在单位主要负责人领导下开展工作，内部审计工作开展的深度和广度以及审计成果运用，能够有效发挥审计监督职能和建设性作用。审计成果是一定时期内全部审计活动及各相关环节获得的结果。审计成果运用在整个审计工作环节中非常重要，审计部门可以充分发挥"离得近""看得清"优势，聚焦关键业务和重点环节，通过合理有效的审计结果运用，达到强化思想教育，提升促进业务水平，推动建立健全本单位内部审计制度，有效揭示和避免经济运行风险隐患的效果。

第一节

合同管理审计的成果运用

2022年3月，国家卫生健康委印发了《进一步加强卫生健康行业内部审计工作的若干意见》（国卫财务发〔2022〕9号，下称"《意见》"），围绕加强审计监督，提出重监督、提质量、强运用的具体措施。一是明确内部审计人员不得从事的业务领域和应当开展的审计项目，解决内部审计"干什么"的问题；二是聚焦审计质量，就自主审计项目和委托审计项目提出要求，细化质量控制环节和内容，解决"怎么干"的问题；三是分别对审计整改和结果运用提出要求，促进各单位履行整改主体责任，解决"怎么用"的问题。

一、合同管理审计成果运用具体内容

（一）规范合同管理机制

1. 完善合同管理制度。通过合同管理专项审计，可以发现合同管理制度中有待完善的内容。进一步延伸分析流程、制度、组织等方面存在的问题。

2. 完善与合同管理有关的内控制度。单位相关"三重一大"决策制

度、采购管理制度、财务收支审批制度、资产管理制度等相关规定需要做好衔接，保持一致。根据国家法律法规、行业环境、单位业务发展形势变化，及时完成制度更新。

（二）优化合同管理体系

1. 优化合同管理流程。通过合同管理专项审计，发现合同管理重要环节、关键节点中的疏漏或内控失效问题，从内控和效率两方面入手，查缺补漏、优化业务流程。

2. 调整合同管理组织架构。坚持"统一领导、分级负责、归口管理"的原则，合同归口管理及审签部门依责、依规签订并履行合同，形成互相牵制原则，防范合同业务实施中的违规风险。

3. 修订补充合同协议。审计中发现的已签订或拟签订合同不符合单位整体利益或长远利益，或存在违约风险时，可以通过风险点分析，提出补充或修订合同的建议。

二、建立和强化审计结果运用机制

（一）形成内部牵制预警机制

通过合同管理专项审计可发现，合同管理工作前端连接着预算管理、"三重一大"决策管理和采购管理，后端连接着财务支付审批管理、资产管理、档案管理等工作。建立有效的内部控制机制可以加强系统联动，及时发现超额、超付情况，从而形成审批、支付等环节的牵制预警机制。

（二）形成自查自纠的工作机制

单位将合同管理专项审计情况及发现的问题进行通报，通过政策解读、案例宣讲等形式进行合规及风险文化的营造，增强合同管理风险意识。开展合同管理自查自纠、审计整改"回头看"专项工作，举一反三，强化整改落实，推进合同全流程规范化管理。

（三）问责建议及移交

对于重大违规问题，可以提出问责建议，或移交纪检监察部门进行问责。

第二节

合同管理审计的整改

在建立整改长效机制方面,《意见》明确规定,被审计单位负责人是审计整改的第一责任人。被审计单位承担审计整改主体责任,对审计整改结果的真实性、完整性、合规性负责。要健全清单管理机制,根据审计发现问题清单,将审计整改任务分解到部门、责任落实到人,分步形成任务清单、整改清单。要对审计发现问题分类施策推动整改,按照立行立改、分阶段整改、持续整改等要求采取不同整改措施,建立健全审计整改长效机制。

一、建立审计整改相关制度

单位应建立审计整改相关制度,承担审计整改的主体责任,建立职责明确、分工合作的审计整改责任机制,成立审计整改领导小组、工作小组,多部门协同联动做好审计整改工作。

第一,建立单位审计整改领导小组,主要负责人为落实整改工作第一责任人,任领导小组组长,对于重大问题要亲自管、亲自抓。其他领导班子成员任领导小组成员,负责主管范围内审计整改工作。领导小组负责研究部署审计整改工作,落实审计提出的意见建议。

第二,建立单位审计整改工作组,合同管理业务部门或归口管理部门负责牵头组织和督促审计整改工作落实,制定审计整改总体方案,按项逐条落实具体整改责任部门和责任人,确保整改真实、完整、合规,及时通报审计整改情况,完成审计整改情况报告。

第三,整改责任部门对合同管理审计发现的问题,按照立行立改、分阶段整改、持续整改的要求,采取不同措施推动整改。对能够立行立改的,应当采取优化业务流程、完善相关制度等措施立即整改;对立行立改难度大或涉及历史遗留问题的，应当明确整改总体方案、阶段性目标和预计完成期限。

第四，对已成事实、无法纠正的问题，被审计部门通过相关措施加以防范，确保以后不再重复发生，主要包括以下内容：

1. 完善合同业务涉及的相关内控制度，严密各项审核和审批流程。

2. 加强质量考核，严格兑现奖惩，进一步提高员工在办理合同业务时执行制度的自觉性。

3. 加强依法合规教育和合同管理业务技能培训，提高制度执行力以及员工业务素质水平。

4. 根据违规违纪有关处理规定对责任人进行责任追究处理。

第五，严肃整改纪律，对拒不整改、敷衍整改、虚假整改的，单位党委、纪检监察办公室、组织人事等部门可依规依纪依法追责问责。

二、建立审计整改工作台账

根据审计发现问题的分类及定性标准，剖析问题产生的原因，挖掘根源并形成问题清单。制定整改措施清单，明确整改责任落实到人，确定整改时限、目标要求。对应问题清单和整改清单，确定整改完成标准，落实整改工作，在预定时间对整改结果进行验收，对账销号。

审计整改部门应在预定的时间撰写整改报告，报告中应明确审计整改部署推进情况、合同审计发现问题整改情况、持续整改的问题及后续工作安排、审计发现问题整改清单（见图 9-1）等。报告应由部门负责人审签，并对整改报告内容的真实性和有效性负责。

审计发现问题整改清单
（参考格式）

（盖章）　单位或部门：　　　　　　联系人：　　　　　　联系电话：

问题清单						任务清单						整改清单						
序号	与审计报告对应关系	问题定性	事实表述	涉及金额	法规依据	责任部门	责任人	整改类型	整改目标	预计完成整改时间	拟采取整改措施	已采取整改措施	追责问责情形	追责问责人数	完善制度	其他	是否完成整改	未完成整改原因及下步计划
1																		
2																		

图 9-1　审计发现问题整改清单（参考格式）

三、落实审计整改长效机制

将审计发现问题整改情况与个人工作考核挂钩,以提高对审计整改工作的重视程度,促进整改落实到位。通过审计整改台账制度,落实整改工作,逐个对账销号,形成长效纠错机制,避免走过场或屡审屡犯。

第三节 合同管理审计的质量控制

合同管理审计的质量控制属于审计的后评估阶段,是一个涉及审计环境、人员素质、合同管理制度建设等诸多因素的整体工作范畴,是对审计过程各环节的规范和约束,是控制审计质量,实现具体审计目标的关键。完成审计工作后,回顾与分析整体审计过程,对审计效率性、效果性进行审查,重点关注审计项目过程中的审计准备、审计实施、审计报告等重要节点,实施全过程关键点控制,将审计质量控制的要求落实到审计项目的准备阶段、实施阶段、报告阶段的全过程,通过对审计各阶段、各环节关键点的控制,实现审计过程环环相扣的质量控制。

在提升审计工作质量方面,《意见》明确规定,各单位内部审计机构要加强审计项目全流程质量管理,全面落实《中国内部审计准则》,重点做好方案编制、审计过程实施、发现问题定性、报告撰写与复核、底稿资料归档等环节质量控制,提升内部审计规范化水平,切实防范审计风险。在审计资源不足时,可以委托社会中介机构或专业人员协助开展审计工作,并对采用的审计结果负责。要加强社会中介机构参与审计项目的质量控制,事前履行内部批准程序、明确委托协议内容,事中加强组织管理、保密管理和质量控制,利用社会中介机构成果前探索开展审计质量评价。开展经济责任审计时,不得将项目整体委托其他组织独立实施;外聘人员不得担任审计组组长，不得独立开展外部调查或承担现场廉政监督、经费管理、涉密资料保管等工作。各地卫生健康行政部门要积极发掘优秀内部审计项目，加强示范引领和交流互鉴，探索编制重点领域专项审计标准化操作规程。

一、合同管理审计质量控制的基本原则

回顾合同管理审计整个流程，深入了解合同管理签订前准备阶段、订立阶段、履行阶段、后续管理阶段重要环节关键节点存在的风险。通过审查工作方案、实施方法的合理性，评估审计成本与审计效果的匹配度。明确审计关键点，梳理审计发现问题，及时揭示管理漏洞，发挥审计预警防控功能，达到推动审计整改，完善审计监督，加强风险防控的效果。力争做到审计计划科学合理、审计方案目标明确、审计实施重点突出、审计底稿记录规范、审计复核扎实细致、审计报告客观公正、审计档案管理规范。

二、合同管理审计质量控制的具体内容

（一）审计准备阶段的质量控制

审计项目计划确定后，根据审计项目计划进行审前准备。在此阶段，调查了解和编制审计方案是审计项目质量管理的第一个重要环节和关键点。审计过程中要注意切实加强调查了解，为编制审计实施方案做好充分准备，更为实施审计打好基础。

1. 调查了解阶段关键点

调查了解是确定审计工作重点内容、审计范围、选择审计方法和步骤、制定审计实施方案的必备环节，是审计质量的审前控制。详细全面的调查了解，能够为编制审计实施方案做好充分准备，更为实施审计打好基础。关键点主要有以下几个方面：

一是对单位合同管理基本情况进行摸底，了解合同管理制度的制定和执行情况，梳理合同全生命周期涉及的业务部门，从促进加强合同业务管理、完善制度、提高经济效益出发，确定具体审计目标、内容和方法。对掌握的内容进行认真、细致的分析，做到科学、合理、全面考虑，减少随意性。

二是对合同管理流程中可能存在的重要问题和线索进行初步判断，运用合理有效的审计方法，进一步调查了解合同前期准备阶段、订立阶段、

履行阶段、后续管理阶段等关键节点的内部控制情况，从内控缺陷或可能存在的舞弊动机等方面入手，抓住合同管理中薄弱环节的关键风险点，确定审计重点，有针对性地组织和安排专项审计。

三是收集与合同管理、合同履行、合同更改有关的法规文件，充分研究法规和政策，强化专业知识，采用可行的审计技能，使审计工作做到有的放矢。

2. 编制审计实施方案关键点

审计实施方案是开展审计工作的基本依据，完善全面的审计实施方案可以指导审计人员现场实施审计程序，对实施审计起着全面控制作用。充分的调查了解程序后形成的审计实施方案，应明确审计具体目标、重要审计事项和审计风险，对开展具体合同管理审计工作提供明确的指导性和可操作性，从而提高审计质量。关键点主要有以下几个方面：

一是实施方案制定目标是否明确、具体，是否覆盖合同管理全部业务流程的关键风险点，内容是否全面，重点突出。方案中的审计方法、审计步骤、人员分工、时间进度、工作要求等是否合理可行，是否能够规避审计风险。

二是审计工作方案是否能够在调查了解并取得调查材料的基础上，广泛听取参审人员意见，结合单位合同管理及合同业务流程实际情况制订。

三是审计工作方案拟订后，审计组有关人员讨论后，报单位领导班子会议审议，在对审计组的审计实施方案进行充分论证的基础上，形成会议纪要，明确是否通过工作方案的意见。

（二）审计实施阶段的质量控制

审计实施阶段是审计过程中的重要阶段。此阶段工作质量的好坏，直接影响整个合同管理审计项目的质量。因此，找准此阶段的审计质量控制的关键点并控制好尤为重要。这就要求做好审计取证和审计记录两项基本内容。关键点主要有以下几个方面：

1. 建立健全审计现场实施规范，是否能够使每个审计人员开展现场审计作业时有章可循，在作业规范框架指导和约束下，明晰责任和义务，进入角色，切实履职，按照规范和标准有条不紊地完成现场审计实施工作；是否符合审计准则和职业道德规范。

2. 建立审计现场管理规范，完善审计组组长或主审负责制。特别是明确审计组各成员职权、责任和义务，明确审计组组长或主审人员在审计实施过程中组织协调和沟通、工作进度、质量控制、审计复核等方面的管理职责，必要时启动双层或三层复核机制。

3. 建立现场审计复核机制，是否能够将每位审计人员编制的审计工作记录、审计工作底稿以及获取的审计证据进行复核，制定复核制度，对审计现场的复核内容、复核重点、复核时间、复核程序、复核人和被复核人的责任和权利进行明确。

4. 确定审计方案的执行结果全面反映，是否能够按照审计方案全面执行。审查事项是否都形成了审计工作底稿。审计结果是否实现了审计目标。

5. 确定审计信息的有效把握与运用。审计组长或主审人员是否能够对信息及时整理、归纳、梳理、提炼和整合，并作为指导审计现场的依据予以有效运用。审计发现问题定性是否准确，审计证据是否适当、充分，获取审计证据方式和渠道是否合规合法。

（三）审计报告编写环节的质量控制

审计报告是审计过程的最终结果，是审计工作情况的综合反映，审计工作成果的好坏、审计质量的高低最终集中反映在审计报告上。审计报告质量的优劣，从小范围讲直接关系到个体审计项目质量的好坏，从大的方面会影响领导宏观决策的准确性。因此，如何加强审计报告的质量控制意义重大。关键点主要有以下几个方面：

1. 健全审计报告质量检查和过错责任追究机制。审计报告基础工作是否规范化管理，各个质量控制环节是否有监督，分工是否合理，避免产生责任时互相推诿。是否定期开展审计报告质量的检查工作，定期抽查和互查；发现审计报告有存在质量问题的情况，是否加强有关人员的业务培训。

2. 提高审计人员综合素质。审计人员的自身素质，对控制审计报告风险、提高审计报告质量至关重要。要加强审计人员的职业道德教育，防止审计人员的有意舞弊。

3. 进一步加大对审计经费的投入，保证审计人员岗位培训、后续教育、审计技术观摩交流、计算机辅助审计技术和信息网络建设等经费需要，以提高审计人员综合素质，进而对提高审计工作质量起到推动作用。

第十章 文书示例与合同管理审计的综合案例

第一节

文书示例与参考格式

一、审计文书定义

(一) 审计工作方案

审计工作方案是实施审计的具体工作安排。它可使审计工作全过程受到有效的控制，保证达到一定的深度和广度，取得预期的成果。一般应包括审计范围、审计内容、审计方式和审计时间，经单位领导批准后实施。为确保审计工作质量，审计工作方案在拟订过程中，要经审计小组全体成员认真研究。

(二) 审计通知书

审计通知书是内部审计机构根据审计工作方案向被审计单位发出的书面通知，也称审计指令。一般包括被审计单位名称、审计时间、审计范围和项目、对被审计单位的要求、审计组成员名单、发出审计通知书的审计机构等。

(三) 审计资料清单

审计资料清单是为有效开展审计工作，需要被审计单位或部门提供的与审计业务相关的资料。

(四) 审计工作底稿

审计工作底稿主要内容为审计实施过程中重点关注的事项、审计发现的问题、审计证据、政策依据等必要内容，为形成审计报告提供依据。在审计项目完成后，需及时分类整理，按相关要求归档、管理和使用。

（五）审计报告

审计报告是内部审计人员在审计实施结束后，以经过核实的审计证据为依据，形成审计结论、意见和建议的书面文件。审计报告应遵循实事求是原则，保障要素齐全、格式规范，完整反映审计中发现的重要问题。如有必要，内部审计人员可以在审计过程中提交期中报告，以便及时采取有效的纠正措施改善业务活动、内部控制和风险管理。

二、审计文书参考格式

审计文书包括但不限于审计通知书、审计资料清单、审计方案、审计工作底稿、审计报告（如过程性的工具表、访谈提纲等）。

（一）审计资料清单

1. 单位合同管理制度。

2. 单位采购管理办法、"三重一大"制度等与合同管理有关的内部管理制度。

3. 年度合同台账。

4. 抽查范围内的合同所涉及的经济活动过程文件。包括但不限于预算申请及审批文件、项目招投标文件、评标报告、中标通知书等。

5. 抽查范围内的合同所涉及的资金收支情况。包括但不限于收货单、出入库单据、服务情况报告、成果报告、验收单、结算报告等付款依据。

（二）审计通知书

审计通知书

根据20××年度审计工作计划，经×××办公会批准，审计处将于20××年××月××日至××月××日，开展合同专项审计工作，现将有关审计事宜通知如下：	
审计项目	××单位20××年度合同专项审计
审计时间	20××年××月××日至××月××日
审计目的	通过开展合同管理专项审计，梳理优化合同业务工作流程，避免合同签订过程中的疏漏以及合同履行过程中的经济纠纷，维护单位经济利益。

续表

审计内容	对单位20××年度合同管理工作的合法性、规范性和效益性开展的全面审查和评价。审核合同管理环节的内部控制及风险管理的适当性、合法性和有效性。通过抽查部分重点类型合同的全过程资料，了解和评价20××年度合同的签订、履行、变更、终止情况，通过审核合同执行情况，对单位合同管理情况进行审计评价。
审计人员	项目组负责人×××，项目组成员×××。
审计要求	请相关部门做好有关资料的准备工作，在收到此通知书××日内，按照审计资料清单向审计项目组提供资料。

（三）审计工作方案

根据《第2101号内部审计具体准则——审计计划》第十四条，结合审计项目特点，研究设计审计方案参考格式如下。

20××年度合同管理专项审计工作方案

（参考格式）

合同的签订与履行，是内部控制的重要组成部分，合同执行是经济事项管理工作的重要环节，签订过程中的任何疏漏或失误，都会可能造成损失或带来风险。为进一步加强合同执行管理，规范工作流程，防范资金风险，保障费用支出的合理、安全。按照年度审计工作计划，现开展20××年度合同管理专项审计，具体实施方案内容如下：

一、审计目的

加强合同执行情况管理，通过检查与评价合同执行的合理性、合规性，明确及避免合同在履行中存在的隐患，提出相应的管理建议。确保资金、资产安全与完整，防范合同执行风险，发挥内部审计免疫作用。

二、工作原则

通过了解20××年度合同签订及履行情况，结合合同中经济事项所涉及的资金收支情况、设备验收情况、服务履行情况等具体内容，梳理风险点，审查内控体系，以问题为导向，以查促建、以查促改，做好审计工作。

三、审计内容

（一）审计依据

本次专项审计按照国家卫健委《卫生计生系统内部审计工作规定》（国家卫生计生委令第16号）和《审计署关于内部审计工作的规定》（审计署令第11号）要求，依据单位×××等合同管理规定开展审计工作，履行审计职责，并出具审计报告。

（二）审计方法运用

资料搜集方法采用直接观察法、采访法、抽样法。主要审核内容：

1. 制度建设情况审计。
2. 制度执行及职责履行情况审计。
3. 合同归口管理部门主要职责履行情况审计。
4. 合同主办部门职责履行情况审计。

续表

> 5. 合同会签部门职责履行情况审计。
> 6. 合同履行部门职责履行情况审计。
> 7. 合同会签审批情况审计。
> 8. 合同变更情况审计。
> 9. 合同档案管理情况审计。
>
> （三）撰写审计工作底稿
>
> 对合同管理流程全面梳理和检查，抽查重要经济合同、大额经济合同签订、履行情况，撰写审计工作底稿，依据充分、可靠的审计证据对审计发现的问题进行准确定性。征求相关部门及人员意见，确认并签章。
>
> （四）生成审计报告
>
> 对审计发现的问题提出审计建议，生成审计报告。防范风险，加强内部控制，发挥内部审计的监督职能，推动和保障医疗卫生行业经济活动健康运行。
>
> 四、工作安排
>
> （一）×月×日至×日：发放审计通知书，收集相关材料。
>
> （二）×月×日至×日：对重点内容、重点事项开展审计。撰写审计工作底稿。
>
> （三）×月×日至×日：审计报告初稿征求意见，10个工作日内反馈，经确认后审计结果按相关流程报批，形成正式审计报告。

根据《第 2104 号内部审计具体准则——审计工作底稿》，结合审计项目特点，研究设计审计工作底稿参考格式如下。

审计工作底稿

（参考格式）

合同管理审计工作底稿（参考格式）			
项目名称	××年度合同管理专项审计	被审计部门名称	×××
初审人员	张××	复审人员	王××
审计日期	××年××月××日		
审计内容			
基本情况摘要	1. 合同管理制度的基本情况 2. 归口管理部门设置及履职情况 3. 合同管理业务流程开展的情况 4. 年度签订合同基本情况 5. 其他需要关注的单位合同管理的基本情况 ……		
附件	××××		
被审计部门反馈意见			
反馈意见	无意见，同意		
人员签字	赵××		

根据《第 2106 号内部审计具体准则——审计报告》，结合审计项目特点，研究设计审计报告参考格式如下。

××单位合同管理专项审计报告

（参考格式）

一、基本情况
（一）合同管理制度情况
（二）合同信息化建设管理情况
（三）××年—××年签订合同情况
（四）重大经济事项合同签订、管理情况

二、审计情况
（一）合同管理制度执行情况
（二）合同日常管理及内控情况
（三）相关事项预算及批复、执行采购程序情况（重大合同可行性论证情况）
（四）合同履行情况及合同变更、终止程序
（五）合同归档管理情况
（六）合同信息系统管理内控情况

三、审计中发现的主要问题
（一）合同管理制度执行方面
（二）合同日常管理及内控方面
（三）相关事项预算及批复、执行采购程序方面
（四）合同履行情况及合同变更、终止程序方面
（五）合同归档管理方面
（六）合同信息系统管理内控情况方面

四、审计建议
（一）合同管理制度执行方面
（二）合同日常管理及内控方面
（三）相关事项预算及批复、执行采购程序方面
（四）合同履行情况及合同变更、终止程序方面
（五）合同归档管理方面
（六）合同信息系统管理内控情况方面

第二节

合同管理审计的综合案例

A 医院合同专项审计案例

一、背景概述

A 医院为医疗卫生行业国家公益二类医疗机构，集医疗、教学、科研、保健为一体的现代化综合性三级甲等医院。医院共有临床、医技和平台科室 40 个，国家级重点学科 19 个，国家临床重点专科 19 个，博士点 22 个，硕士点 16 个，开放住院床位 1 800 张，2020 年手术量 36 680 人次。近期，该单位审计处对医院 2021 年合同管理情况进行了专项审计。对单位合同管理工作的合法性、规范性和效益性开展全面审查和评价。审计处对医院合同管理内部控制情况进行了总体评价，并针对合同前期准备阶段、合同订立阶段、合同执行阶段、合同后续管理阶段分别实施了专项审计。

二、专项审计实施

（一）审计准备阶段

> A 医院 2021 年度合同管理专项审计
> 工作方案
>
> 合同的签订与履行，是内部控制的重要组成部分，合同执行是经济事项管理工作的重要环节，签订过程中的任何疏漏或失误，都可能造成损失或带来风险。为进一步加强医院合同执行管理，规范工作流程，防范资金风险，保障费用支出的合理、安全。按照年度审计工作计划，经院长办公会及党委会决议通过，现开展 2021 年度合同管理专项审计，具体实施方案内容如下：

续表

一、审计目的

加强合同执行情况管理，通过检查与评价合同执行的合理性、合规性，明确及避免合同在履行中存在的隐患，提出相应的管理建议。确保资金、资产安全与完整，防范合同执行风险，发挥内部审计免疫作用。

二、审计方式

审查合同管理制度建设及执行情况，通过抽查部分合同前期准备阶段、合同订立阶段、合同执行阶段、合同后续管理阶段执行情况的方式，结合合同中所涉及的资金收支情况、设备验收情况、服务履行情况、工程完成情况等具体内容，梳理风险点，审查合同管理内控体系建设的完备性，合同管理流程的合法合规性以及合同履行的有效性，以问题为导向，以查促建、以查促改。

三、审计内容

（一）审计依据

本次专项审计按照国家卫健委《卫生计生系统内部审计工作规定》（国家卫生计生委令第 16 号）和《审计署关于内部审计工作的规定》（审计署令第 11 号）要求，依据《A 医院合同管理办法》开展审计工作，履行审计职责，并出具审计报告。

（二）审计内容

1. 合同管理制度建设情况审计。
2. 合同管理制度执行及履职情况审计。
3. 合同归口管理部门主要职责履行情况审计。
4. 合同主办部门职责履行情况审计。
5. 合同会签部门职责履行情况审计。
6. 合同履行部门职责履行情况审计。
7. 合同会签审批流程审计。
8. 合同变更情况审计。
9. 合同档案管理情况审计。

（三）撰写审计工作底稿

对 A 医院合同管理建设及实施流程进行全面梳理和检查，抽查重要经济合同、大额经济合同签订、履行情况，撰写审计工作底稿，依据充分、可靠的审计证据对审计发现的问题进行准确定性。征求相关部门及人员意见，确认并签章。

（四）生成审计报告

对审计发现的问题提出审计建议，生成审计报告。防范风险，加强内部控制，发挥内部审计的监督职能，推动和保障医疗卫生行业经济活动健康运行。

四、工作安排

（一）第一阶段：发放审计通知书，收集相关材料。

（二）第二阶段：对重点内容、重点事项开展审计。撰写审计工作底稿。

（三）第三阶段：审计报告初稿征求意见，10 个工作日内反馈，经确认后上报院长办公会及党委会讨论，决议通过后形成正式审计报告。

（四）第四阶段：根据审计报告中提出的审计建议，督促审计整改。

根据单位 2021 年度开展合同业务和审签调查情况，制定《A 医院合同管理专项审计工作方案》，成立专项审计工作组，确定审计内容及工作重点，经 A 医院院长办公会及党委会决议通过后，向合同归口管理部门发放审计通知书、审计资料清单等，接受资料并记录报送资料，制作接收资料台账。

审计通知书

院长办公室：
  根据 2022 年度审计工作计划，经院长办公会批准，审计处将开展合同专项审计工作，现将有关审计事宜通知如下：
  审计项目：A 医院 2021 年度合同专项审计
  审计时间：2022 年 9 月至 10 月
  审计目的：通过开展合同管理专项审计，完善合同管理制度建设，梳理优化合同业务工作流程，提出合同签订过程中的风险点，避免合同履行过程中的疏漏导致的经济纠纷，维护单位经济利益。
  审计内容：
  1. 审查合同管理制度建设、执行情况。
  2. 合同归口管理部门履职情况。
  3. 按照合同类型、合同重要性、合同金额等分类方式，抽查 2021 年度部分合同，对合同管理全流程工作的合法性、规范性和效益性开展全面审查和评价。
  4. 审核合同管理关键环节的内部控制及风险管理的适当性、合法性和有效性。
  审计组成员：审计处牵头组织实施本次专项审计，项目负责人由处长担任，项目组成员为审计处工作人员。
  审计要求：请按要求提供《审计资料清单》中列示的相关材料。

审计资料清单

  1. A 医院合同管理办法
  2. A 医院招标议价与采购管理办法、"三重一大"制度等与合同管理有关的内部管理制度
  3. 2021 年度合同台账
  4. 抽查范围内的合同所涉及的经济活动过程文件。包括但不限于前期准备阶段合同筹划的申请及审批文件、合同调研、合同谈判过程文件；合同订立阶段文本拟订、合同会签审批、合同签署过程文件；合同执行阶段的履行、验收、结算、补充变更、纠纷、解除等过程文件；合同后续管理阶段登记、保管、归档过程文件。

（二）审计实施阶段

1. 运用询问法和内控测试法的方式，了解 A 医院合同管理的基本情况，做基本把握，主要包括合同归口管理部门的设置和人员配备情况、岗位职责及履职情况、合同管理具体流程、合同管理基础工作（如合同

管理制度、合同管理台账、合同档案管理建立健全情况）等。查阅合同管理制度具体内容、业务流程图等资料。了解制度建设完整性、全面性情况。审查是否建立健全合同管理制度，具体内容中是否明确签订合同的经济活动范围和条件，是否明确签订管理、履约管理、财务管理、用印管理、档案管理、信息化管理、监督审查等内容。制度及流程的制定是否合理，是否有效执行。合同用印及合同档案管理制度是否健全。

合同管理审计工作底稿			
项目名称	2021年度合同管理专项审计	被审计部门名称	院长办公室
初审人员	张××	复审人员	王××
审计日期	2022年9月10日		
审计内容			
基本情况摘要	医院已建立合同管理制度，合同归口管理部门设置在院长办公室，合同档案管理目前采用纸质和电子化同时管理，合同专用章的保管、使用有专人负责，合同订立阶段中的会签审批流程通过签订《A医院合同会签表》，由合同履行部门、合同主办部门、院长办公室、财务处、审计处、纪检监察室、相关管理部门、总会计师、主管院长、院长（法人）逐级审批完成。 2021年医院对外签订合同1 350份，包含医疗或科研设备采购合同、药品及试剂耗材采购合同、技术服务类合同、基本建设工程项目合同、临床试验类合作合同、其他服务合同等，涉及合同金额50亿元。		
附件	A医院2021年合同台账		
被审计部门反馈意见			
反馈意见	无意见，同意		
人员签字	赵××		

2. 运用流程图法，抽取部分合同，从合同管理流程中的签订前立项阶段、合同订立阶段、合同执行阶段、合同后续管理阶段的各具体工作环节入手，绘制并识别运行过程中的风险因素（如图10-1所示），发现关键控制点的风险因素。关注重要节点是否符合制度规定，流程是否合理。

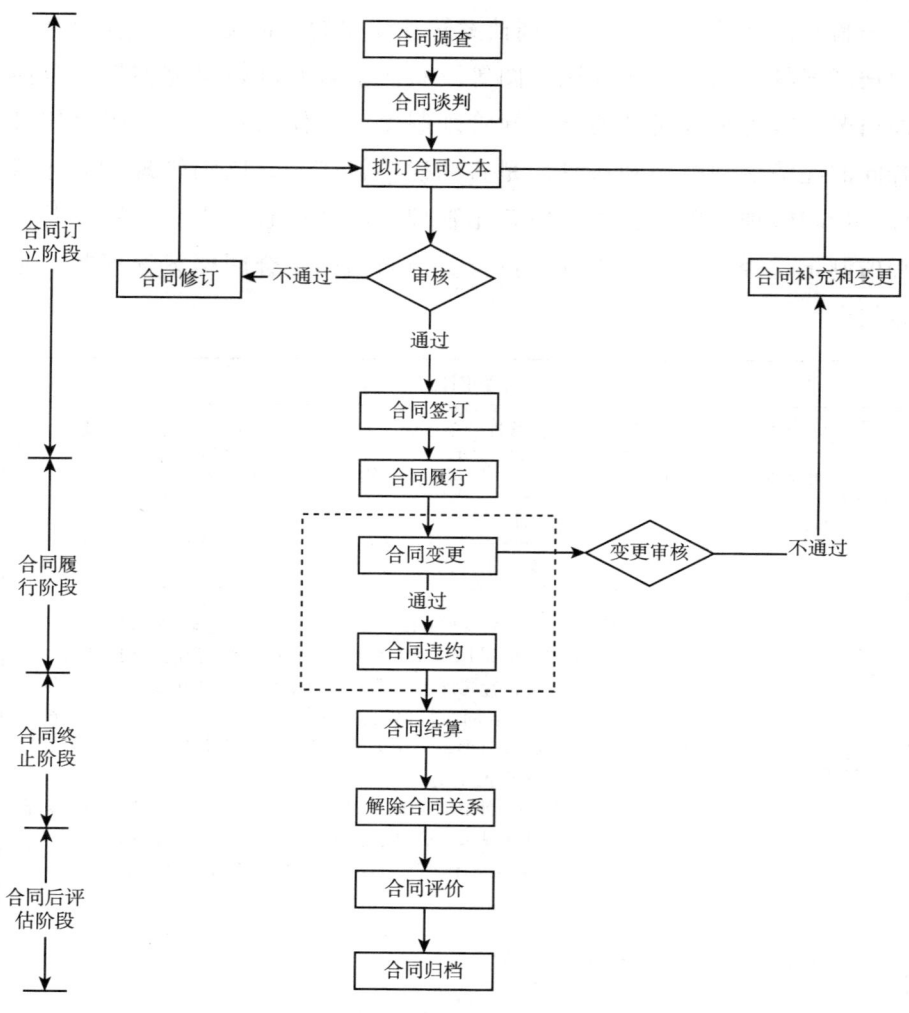

图 10-1 A 医院合同管理流程图

（1）抽取部分医疗设备和医用耗材采购合同，审查合同订立阶段的筹划管理环节，确认经济业务的事实，进行合法性、合规性、可行性分析。合同涉及内容是否满足单位需求；是否将需要招标管理或较高级别领导审批的重大经济合同拆分为金额较小的若干不重要合同；是否按照预算或无预算经追加后签署；是否未经授权擅自以单位名义对外签订合同。

（2）抽取部分服务合同，审查合同订立阶段的合同审批环节，审查是否履行单位重大经济事项集体决策程序；是否明确各岗位办理业务和事项的权限范围和相关责任；审批建议是否经过修改后重新执行会签流程；合同业务的不相容岗位是否相互分离，是否建立合理、合规的合同审批制度及流程；审批人是否发生未经授权或者越权审批的情形；是否存在合同签订日期早于合同审批日期或者合同审批日期晚于合同执行、合同验收日期等情况。合同的拟订与审核、审核与审批、审批与订立、执行与监督是否相互分离，如不能分离是否有相关的检查机制。

（3）抽取部分设备采购和基本建设工程合同，审查合同履行阶段的合同结算环节。审查是否建立合同结算相关制度；是否明确结算流程，结算流程是否规范；办理合同结算的依据是否齐全；会计核算账目是否准确；结算费用的计算方法是否正确；资金管理是否存在不合理支出。

合同管理审计工作底稿			
项目名称	2021 年度合同管理专项审计	被审计部门名称	院长办公室
初审人员	张××	复审人员	王××
审计日期	2022 年 9 月 10 日		
审计内容			
问题摘要	1. 合同订立方面——合同签订要素不全 抽查某设备采购合同，合同条款中未约定质保金条款和违约责任。 上述事项不符合《行政事业单位内部控制规范（试行）》（财会〔2012〕21 号）第五十五条"单位应当加强对合同订立的管理，明确合同订立的范围和条件"。 2. 合同订立方面——合同签订要素不全 抽查某服务合同，合同只有单位盖章，缺少双方法人或授权代表签字。 上述事项不符合《中华人民共和国民法典》第四百九十条"当事人采用合同书形式订立合同的，自当事人均签名、盖章或者按指印时合同成立"的规定。		
附件	设备采购合同		
被审计部门反馈意见			
反馈意见	无意见，同意		
人员签字	赵××		

合同管理审计工作底稿				
项目名称	2021 年度合同管理专项审计		被审计部门名称	院长办公室
初审人员	张××		复审人员	王××
审计日期	2022 年 9 月 10 日			
审计内容				
问题摘要	1. 合同审批方面——倒签合同 抽查某设备采购合同，审批时间晚于合同签订时间。 上述事项不符合《中华人民共和国民法典》第四百九十条"当事人采用合同书形式订立合同的，自当事人均签名、盖章或者按指印时合同成立"。 2. 合同审批方面——超出规定时限 抽查某政府采购合同，未按中标通知书约定 30 天内签订合同。 上述事项不符合国家卫生健康委员会《关于印发政府采购管理暂行办法的通知》（国卫财务发〔2018〕17 号）第五十二条"各单位应当自中标、成交通知书发出之日起 30 日内，按照采购文件确定的事项，与中标、成交供应商签订书面政府采购合同"的规定。			
附件	采购合同、中标通知书			
被审计部门反馈意见				
反馈意见	无意见，同意			
人员签字	赵××			

合同管理审计工作底稿				
项目名称	2021 年度合同管理专项审计		被审计部门名称	院长办公室
初审人员	张××		复审人员	王××
审计日期	2022 年 9 月 10 日			
审计内容				
问题摘要	1. 合同履行方面——合同内容执行监管不足 抽查某设备采购合同，采购项目所涉及实际货物与合同约定产地不符；实际收货时间晚于合同约定时间。 上述事项不符合《行政事业单位内部控制规范（试行）》（财会〔2012〕21 号）第十一条"（六）合同管理情况。包括……是否有效监控合同履行情况，是否建立合同纠纷协调机制……"的规定。 2. 合同履行方面——合同履行方面未按合同约定付款 合同约定在签订后 10 日内支付 40% 货款，设备验收合格后支付 40% 货款，设备正常运行 30 天后且无异议的情况下支付剩余 20% 货款。此设备货款未开箱使用，但已完成全额支付。 上述事项不符合《中华人民共和国民法典》第一百一十九条"依法成立的合同，对当事人具有法律约束力"的规定。			

续表

附件	合同、货物验收单、付款手续及付款支撑材料		
被审计部门反馈意见			
反馈意见	无意见，同意		
人员签字	赵××		

（三）审计报告阶段

开展审计实质性程序后，依据签字确认的工作底稿，汇总初步审计意见，撰写审计报告初稿，向被审计部门征求意见后，报院长办公会讨论决议通过后，出具正式审计报告。

A 医院 2021 年度合同专项审计报告

为完善合同管理制度建设，梳理优化合同业务工作流程，发现 A 医院在合同签订过程中的风险点，避免合同履行过程中因疏漏导致的经济纠纷，维护单位经济利益。审计处对医院合同管理进行了专项审计，对合同前期准备阶段、合同订立阶段、合同执行阶段、合同后续管理阶段合同管理情况进行了总体审计和评价。现将审计情况报告如下：

一、基本情况

医院已建立合同管理制度，合同归口管理部门设置在院长办公室，合同档案管理目前采用纸质和电子化同时管理，合同专用章的保管、使用有专人负责，合同订立阶段中的会签审批流程通过签订《A 医院合同会签表》，由合同履行部门、合同主办部门、院长办公室、财务处、审计处、纪检监察室、相关管理部门、总会计师、主管院长、院长（法人）逐级审批完成。审批会签制度对规避合同风险，提高资金使用效率，推进医院经济事项的有效实施产生积极推进作用。

2021 年，医院对外签订合同 1 350 份，包含医疗或科研设备采购合同、药品及试剂耗材采购合同、技术服务类合同、基本建设工程项目合同、临床试验类合作合同、其他服务合同等，涉及合同金额 50 亿元。

二、审计发现问题

本次专项审计抽查合同及相关资料共计 317 份，其中：设备和耗材采购合同 163 份，基建工程及修缮合同 47 份，服务合同 137 份。主要审计了合同归口管理部门的设置和人员配备情况、岗位职责及履职情况、合同管理具体流程、合同台账、合同档案管理建立健全情况，目前医院各部门均能按照合同管理办法规定进行合同签订、审批、履行工作，合同管理方面相对比较规范，但是在具体流程操作中的关键节点仍存在薄弱环节，情况如下：

（一）合同订立方面

1. 合同签订要素不全

抽查某设备采购合同，合同条款中未约定质保金条款和违约责任。

上述事项不符合《行政事业单位内部控制规范（试行）》（财会〔2012〕21 号）第五十五条"单位应当加强对合同订立的管理，明确合同订立的范围和条件"。

2. 合同签订要素不全

抽查某服务合同，合同只有单位盖章，缺少双方法人或授权代表签字。

续表

> 上述事项不符合《中华人民共和国民法典》第四百九十条"当事人采用合同书形式订立合同的，自当事人均签名、盖章或者按指印时合同成立"的规定。
>
> （二）合同审批方面
>
> 1. 倒签合同
>
> 抽查某设备采购合同，审批时间晚于合同签订时间。
>
> 上述事项不符合《中华人民共和国民法典》第四百九十条"当事人采用合同书形式订立合同的，自当事人均签名、盖章或者按指印时合同成立"的规定。
>
> 2. 超出规定时限
>
> 抽查某政府采购合同，未按中标通知书约定30天内签订合同。
>
> 上述事项不符合国家卫生健康委员会《关于印发政府采购管理暂行办法的通知》（国卫财务发〔2018〕17号）第五十二条"各单位应当自中标、成交通知书发出之日起30日内，按照采购文件确定的事项，与中标、成交供应商签订书面政府采购合同"的规定。
>
> （三）合同履行方面
>
> 1. 合同内容执行上监管不足
>
> 抽查某设备采购合同，采购项目所涉及实际货物与合同约定产地不符；实际收货时间晚于合同约定时间。
>
> 上述事项不符合《行政事业单位内部控制规范（试行）》（财会〔2012〕21号）第十一条"（六）合同管理情况。包括……是否有效监控合同履行情况，是否建立合同纠纷协调机制……"的规定。
>
> 2. 合同履行方面未按合同约定付款
>
> 合同约定在签订后10日内支付40%货款，设备验收合格后支付40%货款，设备正常运行30天后且无异议的情况下支付剩余20%货款。此设备货款未开箱使用，但已完成全额支付。
>
> 上述事项不符合《中华人民共和国民法典》第一百一十九条"依法成立的合同，对当事人具有法律约束力"的规定。
>
> 三、审计建议
>
> （一）建议进一步严格规范合同订立阶段签订环节管理，完善合同签订要素。
>
> （二）建议加强合同审批阶段的会签审批管理，在国家规定的时间节点完成审批流程，严格执行中标通知书发出之日起三十日内与中标单位签订合同的规定；关注审批时间节点的逻辑顺序，避免发生合同签订日期早于合同审批日期或者合同审批晚于合同执行、合同验收日期等情况。
>
> （三）建议提高合同履行方面对合同内容执行监管的力度，加强招标文件、中标单位投标文件及合同协议的衔接履行情况，完善合同内容，避免出现合同实际执行内容与合同约定的履约内容不一致的情况。制订合同履行情况动态追踪，有效推进合同按约定条款执行。

（四）审计终结阶段

1. 整理审计工作资料，汇总装订审计工作档案。

2. 通过审计发现问题，指出在合同管理过程中存在的不足，建立整改长效机制。督促相关部门落实审计发现问题的整改。

（1）建立审计整改工作台账制度。根据审计发现问题的分类及定性标准，剖析问题产生的原因，挖掘根源并形成问题清单。制定整改措施清单，明确整改责任落实到人，确定整改时限。对应问题清单和整改清单，确定整改完成标准，在预定时间对整改结果进行验收，对账销号。

（2）对合同履行情况的相关内容进行补充，建立合同履行情况动态跟踪机制。

（3）加强部门审批力度，形成"分级负责、归口管理"模式，合同归口管理及审签部门依责、依规签订并履行合同，形成互相牵制原则，防范实施中的违规风险。

（4）加强对合同约定中付款期限、合同执行日期逻辑关系、违约责任等内容的审核力度，严格按约定履行合同；同时形成内部牵制预警机制，建立有效的内部控制机制，加强系统联动，及时发现超额、超付情况，形成审批、支付等环节的牵制预警机制。

（5）落实审计整改长效机制。将审计发现问题整改情况与个人工作考核挂钩，以提高对审计整改工作的重视程度，促进整改落实到位。通过审计整改台账制度，落实整改工作，逐个对账销号，形成长效纠错机制，避免走过场或屡审屡犯。

3. 根据整改落实情况确定是否开展后续审计工作。

形成自查自纠的工作机制。将合同管理专项审计情况及发现问题进行通报，通过政策解读、案例宣讲等形式进行合规及风险意识的营造，增强合同管理意识。开展自查自纠、整改回头看专项工作，举一反三，强化整改落实，规范合同管理。

附录 1

卫生健康行业内部审计基本指引（试行）

第一条 为进一步指导和规范卫生健康行业内部审计工作，提高审计工作质量，根据《审计署关于内部审计工作的规定》《卫生计生系统内部审计工作规定》《进一步加强卫生健康行业内部审计工作的若干意见》等相关规定，结合审计实践，制定本指引。

第二条 本指引供各级卫生健康行政部门及属管单位开展审计业务时参考使用。

第三条 开展审计业务时，应当遵守职业道德，具备相应的专业胜任能力，履行保密义务，独立、客观、公正地开展审计监督和评价，关注相关经济风险，并对审计质量实施有效控制。严格遵守保密规定，不得泄露在审计中获知的国家秘密、商业秘密、工作秘密、个人隐私和内部信息。

第四条 根据年度审计计划确定的审计项目及实施时间，开展审前调查，收集项目资料，评估工作量，统筹审计资源。

第五条 编制审计方案，明确审计目标、范围、内容、程序和方法，组建审计组，合理安排人员分工、时间，制定并送达审计通知书。

第六条 审计组全面了解审计项目，开展内部控制测试，发现制度是否存在缺失、未执行或执行不严格等情况。

第七条 审计组依据项目特点和审计目标综合运用恰当的审计方法，使用现代信息技术，发现审计线索，获取审计证据。审计方法一般包括审核、观察、监盘、访谈、调查、函证、计算和分析程序等。

第八条 审计组在审计工作中发现重大的问题线索，及时按程序向单位党组织、主要负责人请示报告。

第九条 审计组在审计工作中编制审计工作底稿，记录审计程序，归纳审计证据，形成审计结论。建立审计工作底稿分级复核制度，明确各级复核人员的职责和要求。

第十条 审计组汇总分析审计证据，提出审计建议，形成审计报告初稿，经规定程序复核后，征求被审计单位合理意见。研究采纳情况并按程序审定后，出具审计报告，送达被审计单位。

第十一条 按照立行立改、分阶段整改、持续整改的要求，督促被审计单位采取措施推动审计整改。

第十二条 加强内部审计与纪检监察、巡视巡察、组织人事、财会监督等其他监督力量协作配合，做好问题线索移送、责任追究等工作。

第十三条 审计组在项目结束后，及时收集审计材料，按规定归类整理、编目装订、组合成卷和定期归档。具备条件的，可以建立电子审计档案。

第十四条 本指引不能替代相关法律法规、部门规章、规范性文件及审计职业判断。对未涉及事项，需参考相关内部审计准则、指南、指引等。

第十五条 本指引由国家卫生健康委财务司负责解释。

附录 2

合同管理专项审计指引（试行）

第一条 为进一步指导和规范卫生健康行业行政部门及属管单位开展合同管理专项审计业务，提高内部审计工作质量，根据《中华人民共和国民法典》《卫生计生系统内部审计规定》《行政事业单位内部控制规范（试行）》等相关规定，结合审计实践，制定本指引。

第二条 本指引所称合同是指与经济活动有关的合同，重点审计签订、履约、结算、归档等内容。

第三条 审计时运用观察、检查、询问、重新计算、重新执行、穿行测试等，开展内部控制测试和实质性程序。

第四条 设计和实施内部控制测试时，重点关注以下内容：

（一）机构与职责。查阅内设机构及职能设置文件、会议纪要等，了解机构设置、职责分工及落实情况。包括是否明确归口管理部门，是否履行职责；是否建立健全议事决策机制、岗位责任制、内部监督等机制，其中岗位责任制是否明确岗位办理业务和事项的权限范围、审批程序和责任。

（二）制度建设。查阅合同管理制度、业务流程、内部控制评价报告等资料，了解制度体系健全、合规情况。包括是否建立健全合同管理制度，是否明确签订合同的经济活动范围和条件，是否明确签订、变更、转让、履约、结算、用印、档案（保管期限等）、监督审查、纠纷协调等管理要求；是否明确审核审批事项，是否建立授权审批控制，合同签订与合同审批、合同签订与付款审批、合同执行与付款审批、合同签订与合同用章保管等不相容岗位是否相互分离；是否符合国家、属地及上级单位有关规定；相关制度是否有效执行等。

（三）信息化建设。查看合同管理信息系统及其他相关信息系统，查阅内部控制评价报告等资料，了解信息化建设及运行情况。包括是否建立合同管理信息系统，是否嵌入内部控制要求；录入信息是否完整、准确；系统是否覆盖合同管理各环节，是否有效监控合同履行情况；是否与其他相关信息系统互联互通；是否采取有效的安全措施等。

第五条 审计签订管理情况时，查阅合同文本、审核审批记录、预算、采购资料、会议纪要等资料，重点关注各类资料记载单位、金额等信息是否一致；合同要素是否齐全，是否符合《中华人民共和国民法典》合同编第四百七十条等有关规定；合同标的是否符合合同约定，其中采购合同与采购资料是否一致；对方单位是否具备符合项目需求的资质及能力；是否履行单位重大经济事项集体决策程序；是否按照权限履行审核审批程序，是否存在拆分合同、先履约后签订合同、先签订后审批合同、未经批准签订或变更合同等情况；是否在规定时限内签订合同等。

第六条 审计合同履约管理时，查阅合同文本、相关成果、验收材料等资料，查看合同管理信息系统或台账，重点关注单位是否对合同履行情况实施有效监控；是否按照有关规定及合同约定组织验收；无法依照原合同约定履行的，是否采取变更或解除合同等应对措施；因对方单位原因造成经济损失的，是否及时追回资金、提出经济赔偿等。

审计中发现合同属于《中华人民共和国民法典》第一百四十七条至第一百五十一条等情况的，应当按程序及时报告并建议单位按照有关规定执行变更或撤销程序。

第七条 审计结算管理情况时，查阅会计账簿及凭证、结算资料、合同文本等，重点关注结算是否符合中小企业款项支付等规定；是否根据合同履行情况办理价款结算和账务处理等。

第八条 审计档案管理情况时，查阅合同档案，查看合同管理信息系统，是否包含合同文本、审核审批记录、会议纪要、采购资料、裁判文书及合同变更、解除等资料；归口管理部门是否定期进行统计、分类和归档，登记合同订立、履行和变更情况等。

第九条 审计中需要结合不同类型合同特点，重点关注以下内容：

（一）采购合同。政府采购补充合同的采购金额是否超过原合同采购金额的10%；进口科研设备采购合同是否约定免税条款；医疗器械、药品采购合同是否约定不良事件处理和责任划分条款；医疗器械、药品等采购合同是否约定临期或过期货物的退换程序；毒麻精放类药品采购合同是否约定交接程序和责任划分条款等；物业、保安、保洁等服务采购合同是否约定服务内容、服务期限、服务验收等。维修保养服务采购合同是否约定维修或更换低值易耗品的费用及承担方等。

（二）科研及成果转化合同。是否约定合同标的产权归属、产权保护、侵权责任等，是否约定成果登记、转化程序、收益分配、异议处理等；是否约定科技人员奖励和报酬方式、数额及时限。

（三）捐赠合同。接受捐赠合同是否违规约定捐赠与采购挂钩，合同约定是否涉及营利性活动、商业贿赂或不正当竞争。对外捐赠合同是否明确标的名称、金额、数量、捐赠用途等。

（四）房屋租赁合同。出租合同标的是否经过审批或备案，约定的租金是否明显低于同一或相似条件市场价格，合同是否约定租金收取、费月结算、违约责任等。租入合同约定内容是否符合采购有关规定等。

（五）信息系统建设合同。合同是否约定建设周期、软件所有权、维保期限、后续培训、售后服务、数据安全、验收标准等内容。

（六）建设项目合同。勘察设计合同是否约定工作内容、进度、质量和技术标准等内容，付费标准是否符合有关规定；监理合同是否约定工程监理单位按规定履行职责；造价咨询合同是否约定酬金及计取方式、服务范围和工作内容等；施工合同是否约定工程范围、建设工期、工程质量、工程价款、竣工结算原则、计费标准、隐蔽工程、工程变更、质量保证期、违约责任等；约定的工程质量保证金是否符合国家及属地涉企保证金有关规定，建设工程进度款是否符合建设工程价款结算有关规定等。

（七）医疗服务合作合同。医联体、医共体服务合作合同是否明确管理模式、运行机制、激励机制，是否约定合作内容、医疗服务范围、绩效与利益分配、医疗损害风险和责任分担等。

第十条 合同管理专项审计业务涉及采购、建设项目、财务、资产等内容的，需参考国家有关规定及其他审计指引等。

第十一条 本指引由国家卫生健康委财务司负责解释。

附录 3

制度清单

1. 中华人民共和国民法典
2. 中华人民共和国预算法
3. 中华人民共和国预算法实施条例
4. 中华人民共和国招标投标法
5. 中华人民共和国招标投标法实施条例
6. 保障中小企业款项支付条例（国务院令第 728 号）
7. 中华人民共和国政府采购法
8. 中华人民共和国政府采购法实施条例（国务院令第 658 号）
9. 中华人民共和国建筑法
10. 建设工程安全生产管理条例（国务院令第 393 号）
11. 优化营商环境条例（国务院令第 722 号）
12. 医疗器械管理条例（国务院令第 739 号）
13. 建设工程勘察设计管理条例（国务院令第 293 号）
14. 政府采购非招标采购方式管理办法（财政部令第 74 号）
15. 政府采购货物和服务招标投标管理办法（财政部令第 87 号）
16. 政府采购质疑和投诉办法（财政部令第 94 号）
17. 政府采购信息发布管理办法（财政部令第 101 号）
18. 政府采购框架协议采购方式管理暂行办法（财政部令第 110 号）
19. 财政部关于印发政府采购进口产品管理办法的通知（财库〔2007〕119 号）
20. 关于政府采购进口产品管理有关问题的通知（财办库〔2008〕248 号）
21. 关于印发《政府采购竞争性磋商采购方式管理暂行办法》的通知

（财库〔2014〕214 号）

22. 财政部关于进一步加强政府采购需求和履约验收管理的指导意见（财库〔2016〕205 号）

23. 关于简化优化中央预算单位变更政府采购方式和采购进口产品审批审核有关事宜的通知（财办库〔2016〕416 号）

24. 国务院办公厅关于印发《中央预算单位政府集中采购目录及标准（2020 年版）》的通知（国办发〔2019〕55 号）

25. 财政部关于进一步做好政府采购信息公开工作有关事项的通知（财库〔2017〕86 号）

26. 财政部关于促进政府采购公平竞争优化营商环境的通知（财库〔2019〕38 号）

27. 财政部关于疫情防控采购便利化的通知（财办库〔2020〕23 号）

28. 财政部关于疫情防控期间开展政府采购活动有关事项的通知（财办库〔2020〕29 号）

29. 财政部关于开展政府采购意向公开工作的通知（财库〔2020〕10 号）

30. 关于印发《政府采购公告和公示信息格式规范（2020 年版）》的通知（财办库〔2020〕50 号）

31. 关于印发《政府采购促进中小企业发展管理办法》的通知（财库〔2020〕46 号）

32. 关于印发政府采购需求管理办法的通知（财库〔2021〕22 号）

33. 关于印发《中小企业划型标准规定》的通知（工信部联企业〔2011〕300 号）

34. 关于北京市本级政府采购项目执行中公布政府采购预算有关问题的通知（京财采购〔2007〕1530 号）

35. 北京市财政局关于市本级政府采购非招标采购方式有关问题的通知（京财采购〔2017〕143 号）

36. 北京市财政局关于完善北京市政府采购进口产品管理工作有关问题的通知（京财采购〔2017〕157 号）

37. 北京市医医疗保障局关于全面推进医用耗材阳光挂网采购和常态

化开展医用耗材集中带量采购有关事项的通知（京医保办发〔2022〕8号）

38. 危险化学品安全管理条例（国务院令第591号）

39. 工程建设项目施工招标投标办法

40. 建设工程质量管理条例（建设部令第57号）

41. 中央预算内直接投资项目概算管理暂行办法（发改投资〔2015〕482号）

42. 建设工程价款结算暂行办法（财建〔2004〕369号）

43. 关于完善建设工程价款结算有关办法的通知（财建〔2022〕183号）

44. 建设工程质量检测管理办法（建设部令第141号）

45. 房屋建筑和市政基础设施工程质量监督管理规定（住房和城乡建设部令第5号）

46. 房屋建筑工程质量保修办法（建设部令第80号）

47. 关于印发建设工程质量保证金管理办法的通知（建质〔2016〕295号）

48. 工程建设项目勘察设计招标投标办法

49. 建筑工程设计文件编制深度规定（2016版）

50. 房屋建筑和市政基础设施工程勘察文件编制深度规定（2020年版）（建质〔2020〕52号）

51. 综合医院建设标准（建标〔2021〕36号）

52. 综合医院建筑设计规范（住房和城乡建设部公告第655号）

53. 国家发展改革委关于降低部分建设项目收费标准规范收费行为等有关问题的通知（发改价格〔2011〕534号）

54. 建设工程监理规范（住房和城乡建设部公告第35号）

55. 建设工程监理与相关服务收费管理规定（发改价格〔2007〕670号）

56. 中华人民共和国价格法

57. 必须招标的工程项目规定（国家发展和改革委员会令第16号）

58. 房屋建筑和市政基础设施工程招标投标管理办法（住房和城乡建

设部令第 43 号）

59. 招标公告和公示信息发布管理办法（国家发展和改革委员会令第 10 号）

60. 建设工程质量保证金管理办法（建质〔2017〕138 号）

61. 北京市建设工程造价行业咨询服务费用计价参考（京标价协〔2022〕71 号）

62. 建设项目全过程工程咨询标准（中国工程建设标准化协会公告第 1115 号）

63. 建设工程造价咨询成果文件质量标准（中价协〔2012〕011 号）

64. 基本建设财务规则（财政部令第 81 号）

65. 关于完善建设工程价款结算有关办法的通知（财建〔2022〕183 号）

66. 基本建设项目竣工财务决算管理暂行办法（财建〔2016〕503 号）

67. 第 1101 号——内部审计基本准则（2023 年修订）

68. 第 1201 号——内部审计人员职业道德规范

69. 第 2101 号内部审计具体准则——审计计划

70. 第 2102 号内部审计具体准则——审计通知书

71. 第 2103 号内部审计具体准则——审计证据

72. 第 2104 号内部审计具体准则——审计工作底稿

73. 第 2105 号内部审计具体准则——结果沟通

74. 第 2106 号内部审计具体准则——审计报告

75. 第 2107 号内部审计具体准则——后续审计

76. 第 2108 号内部审计具体准则——审计抽样

77. 第 2109 号内部审计具体准则——分析程序

78. 第 2201 号内部审计具体准则——内部控制审计

79. 第 2202 号内部审计具体准则——绩效审计

80. 第 2203 号内部审计具体准则——信息系统审计

81. 第 2204 号内部审计具体准则——对舞弊行为进行检查和报告

82. 第 2205 号内部审计具体准则——经济责任审计

83. 第 2301 号内部审计具体准则——内部审计机构的管理

84. 第2302号内部审计具体准则——与董事会或者最高管理层的关系
85. 第2303号内部审计具体准则——内部审计与外部审计的协调
86. 第2304号内部审计具体准则——利用外部专家服务
87. 第2305号内部审计具体准则——人际关系
88. 第2306号内部审计具体准则——内部审计质量控制
89. 第2307号内部审计具体准则——评价外部审计工作质量
90. 第2308号内部审计具体准则——审计档案工作
91. 第2309号内部审计具体准则——内部审计业务外包管理
92. 第3101号内部审计实务指南——审计报告
93. 第3201号内部审计实务指南——建设项目审计
94. 第3204号内部审计实务指南——经济责任审计
95. 第3205号内部审计实务指南——信息系统审计

附录 4

参考文献

［1］卫生部规划财务司．卫生系统内部审计操作指南［M］．北京：人民卫生出版社，2012．

［2］李素鹏．行政事业单位内部控制体系建设全流程操作指南［M］．北京：人民邮电出版社，2020．

［3］张庆龙，王洁．新编公立医院内部控制管理操作实务指南［M］．北京：中国财政经济出版社，2021．

［4］中国内部审计协会．第3205号内部审计实务指南——信息系统审计．

［5］李鸣鸿，廖江艳，吴维维．合同管理及审查全流程手册［M］．中国法治出版社

［6］李加，新时期医院经济合同审计的内容与保障［J］．中国市场 2018，36．

［7］王琪，探讨医院物业外包服务的内控建设［J］．中国管理信息化，2017，9．